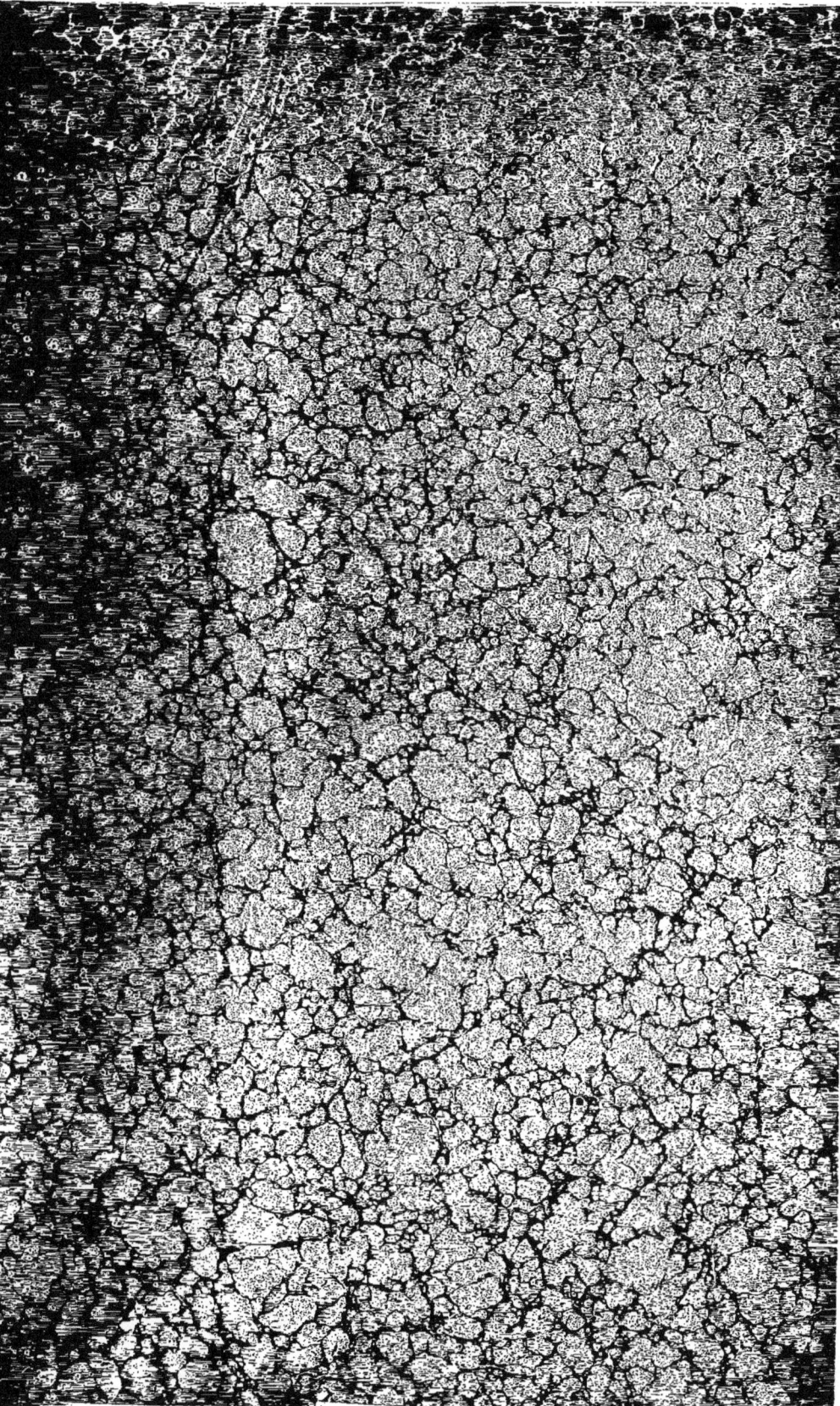

1870-1871

ACTE D'ACCUSATION

PAR

LOUIS NOIR

LA GUERRE. . . . . . . Louis Noir.
LA FAIM. . . . . Francis Enne.
LA RÉVOLUTION. . . . Poupart-Davyl.

Prix : 50 centimes

SE VEND PARTOUT

LA GUERRE

Nous voulions nous taire.

Pendant quatre mois, nous nous sommes fait scrupule d'écrire une ligne ; nous avions à cœur de ne pas révéler nos prévisions tristes et nos craintes douloureuses.

Aujourd'hui encore nous garderions le silence, si l'impudeur des hommes qui nous ont perdus, ne dépassait tout ce qu'on pouvait attendre d'eux.

On les croyait écrasés sous la honte.

Seuls, ils relèvent la tête au milieu du désastre qui est leur œuvre ; on dirait que c'est le peuple qui a manqué au gouvernement, et non le gouvernement qui a manqué au peuple.

On dirait qu'ils ont fait leur devoir et que nous n'avons pas fait le nôtre.

Et ils ont crié à la calomnie, comme si l'on pouvait inventer pis qu'ils n'ont fait.

A force d'audace, de sophismes, de falsifications et de cynisme, ils en arriveraient peut-être à en imposer à la nation, si l'on ne protestait.

Nous vivons en un temps où la phrase est tout, le fait rien, tant Paris s'est habitué à être berné, bafoué, trahi par les avocats qui ont été l'opposition bénigne à l'empire et le pouvoir pendant le siège.

Il faut que le fait soit tout à l'avenir, et que l'on ne se paye plus de mots.

La réalité terrible qui pèse sur nous, doit nous être au moins une leçon à jamais mémorable ; nous avons sur nos poitrines un million de baïonnettes pour avoir eu foi dans la phrase de l'avocat qui jetait, au début, ce fier défi à la Prusse :

« Nous ne céderons ni une pierre de nos forteresses ;

« Ni un pouce de notre territoire ;

« Ni un canot de notre flotte. »

Et qui, aujourd'hui, vient de signer la capitulation par laquelle nos forts sont aux mains de l'ennemi.

Encore s'ils n'étaient coupables, ces hommes, que d'avoir été assez infatués d'eux-mêmes pour se croire de taille à sauver la France. Mais non !

Ils ont eu la possibilité, osons l'écrire, la facilité d'être grands comme ceux de 92, dont ils voulaient se donner les allures, ils avaient en main le salut de la patrie qu'eût assuré la Révolution.

Comme pas un d'eux n'était révolutionnaire, ils perdirent le pays.

Voilà pourquoi Paris est sous le talon de la Prusse ; voilà pourquoi la République va périr, et avec elle périront aussi la liberté et l'espoir d'une revanche.

Révolution et Coup d'Etat.

La France impériale venait de subir le désastre de Sedan ; tout était perdu.

La République fut proclamée ; tout était sauvé si la République avait été fondée par des « révolutionnaires » ; si la République avait été la République.

Après vingt ans d'empire, il fallait faire une Révolution ; on ne fit qu'un coup d'Etat.

Ce qui distingue un coup d'Etat d'une Révolution, c'est que le premier ne fait que substituer un pouvoir à un autre, des hommes à des hommes. Une Révolution change absolument la surface et le fond des choses, renverse les institutions, remplace un système par un autre. Une Révolution abat le vieil édifice et en fait surgir un nouveau.

Rien de pareil n'advint.

Au lendemain de la journée du 4 septembre, que fit le gouvernement ? Comment procéda-t-il ?

Il se substitua timidement aux bonapartistes, il se glissa à leur place ; il se montra dès le début timide, circonspect, (mou) et lâche.

Il tremblait devant ce qui restait debout du pouvoir dont il avait été vingt ans l'opposition prudente à l'excès.

Il garda les fonctionnaires de l'empire, la police de l'empire, les généraux de l'empire, l'administration de l'empire, qui continua d'enlacer la France et Paris de ses réseaux, étouffant tout mouvement, paralysant tout élan.

Quand un mouvement populaire a pour conséquence l'avénement d'hommes timorés, se signalant au début par de pareilles faiblesses, c'est un signe certain, indélébile d'avortement.

Point de crise sans fièvre.

Ils ne le comprirent pas.

La fièvre généreuse qui s'était emparée de Paris, ce délire patriotique qui l'avait saisi, les violentes ardeurs qui le secouaient effrayèrent les hommes du pouvoir ; ils se trouvèrent si faibles en face du colosse qu'ils devaient guider, ils furent si effarés de ses pas de géant, qu'ils s'en épouvantèrent et enveloppèrent ce grand peuple de Paris dans les mailles du filet sous lequel la France impériale avait étouffé longtemps.

Le peuple respira une bouffée d'air libre, puis ce fut tout.

La Révolution était comprimée, la République allait mourir et la France avec elle !

A qui douterait des efforts sciemment faits pour arrêter l'élan que prenait la Révolution, il nous suffira de rappeler les « manœuvres » qui signalèrent les premiers jours de ce gouvernement timoré.

Et les fonctionnaires de l'empire auxquels on n'osait toucher ! Et les abus qu'on laissait debout ! Et les explosions du peuple contenues ! Et les caresses à tout ce qui était une force créée par l'empire ! Et le refus d'arrêter et de juger des centaines de misérables dont la trahison était éclatante !

Pas un des assassins du peuple ne fut puni.

On vit même à la préfecture de police un orléaniste, M. de Kératry, conserver précieusement le noyau des agents impérialistes, se refusant à châtier ceux qui avaient fait assommer les citoyens dans Paris, leur donnant de l'avancement et préparant une force à une réaction orléaniste.

Le Paris républicain resta dans la main de cette police impériale qui ne fut jamais licenciée et qui reparaît aujourd'hui. Le peuple arrêtait en vain des misérables signalés depuis longtemps à sa vindicte ; on les relâchait.

Mêmes défaillances ou mêmes perfidies partout. Ainsi dans l'administration toutes les grosses et scandaleuses sinécures subsistaient et subsistent encore; on payait des traitements énormes à des créatures de Napoléon !!! On tenait à honneur de ne pas laisser protester les signatures de l'empire ; on se sentait solidaire du régime tombé; on eût dit d'une maison de commerce qui reprend les fonds d'une autre !

ERNEST PICARD, JULES FAVRE, TROCHU ET Cie

Raison sociale : *République française*. Successeurs de Napoléon III

RESPONSABILITÉ LIMITÉE.

Et ce fut ainsi.

On mentit, on emprisonna, on assura l'ordre, on repoussa aveuglément toute idée saine ; on commit toutes les maladresses accompagnées de beaucoup d'infamies,.... et l'on se fit battre comme par le passé.

Ces hommes, nous avons entrepris de les juger sans haine, sans rancune, sans violence de langage, sans passion.

C'est facile.

Nous n'avons qu'un but : faire bien connaître les causes du désastre qui nous accable et en tirer un enseignement du présent et de l'avenir.

Quand on s'est donné cette mission, l'on n'a garde de s'attarder aux récriminations vaines, aux reproches inutiles, aux attaques trop vives des personnes.

Nous ne nous occupons des hommes du pouvoir que parce qu'ils sont mêlés aux choses et qu'ils incarnent un système qui devait fatalement mener la patrie à l'abîme.

Ils ne sont ni de ceux qu'on hait vigoureusement ni de ceux qu'on méprise profondément.

Jamais on n'a vu plus petits hommes, noyés au milieu d'une plus grande catastrophe.

Dans ce naufrage on ne hait pas le mauvais pilote, perdu, comme vous, dans l'immensité de l'Océan déchaîné ; mais il est un devoir pour qui touche au rivage : c'est de déposer devant le tribunal maritime sur les fautes de celui qui gardait le navire, afin qu'il soit statué sur sa conduite.

Ainsi faisons-nous.

Et nous espérons que tant d'incapacité, de mauvais vouloir, d'aveuglement, de perfidie systématique contre tout ce qui était la Révolution et le salut, que tant de crimes, amenant tant de désastres pour un peuple, ne resteront pas impunis.

La Question militaire.

Pour juger le siége de Paris qui fut la phase culminante, l'objectif de la guerre depuis Sedan, il faut diviser l'historique de ce siége en périodes :

La marche des Prussiens sur la ville,

L'investissement,

L'installation,

Le bombardement.

Dans chacune de ces périodes, le gouvernement commit, par inertie, par défiance de la Révolution, par incurie et par incapacité, des fautes immenses qui ont assuré le succès de l'ennemi, et qui ont fait aboutir les patriotiques efforts du peuple de Paris et de l'armée à de sanglants massacres. On livra chaque combat dans des conditions déplorables ; on les livra en laissant inactifs des hommes et un matériel merveilleusement propres à la lutte ; on les livra trop tard toujours et jamais avec assez de troupes.

La cause en est simple, et nous la montrerons clairement, nettement, irréfutablement.

Le grand souffle révolutionnaire était comprimé ; on avait enchaîné les forces vives de Paris ; on avait voulu vaincre par les procédés de l'empire, avec des soldats, des généraux, un matériel, une tactique, une organisation en tous points semblables à ce qui avait précédé.

Hommes et choses de 1852 restèrent debout dans l'armée. Nos gouvernants avaient horreur de la Révolution ; ils affectaient de la voir où elle n'était point, c'est-à-dire dans les rangs de quelques centaines d'émeutiers affolés qui se remuaient au hasard ; sous prétexte d'ordre, les hommes du pouvoir refusaient d'employer les procédés révolutionnaires qui, en 92, sauvèrent la patrie.

On les vit repousser les efforts de l'initiative privée, se refuser à la fonte des canons, s'opposer par mille tracasseries de détail à la formation des bataillons de la garde nationale qui durent s'improviser en quelque sorte malgré eux et s'imposer.

Ils refusèrent longtemps aussi, le plus longtemps possible, des armes aux bataillons des faubourgs, tenant cachées celles qui existaient et prétextant toujours qu'il n'y en avait plus, ne cédant que devant les révélations et les menaces, et armant encore le soixantième jour du siége après avoir déclaré presqu'au début qu'il n'y avait plus de fusils.

Pendant des mois, la garde nationale fut condamnée au service fatigant et presque inutile des bastions, parce que l'on doutait d'elle autant qu'on redoutait d'en faire une véritable force. On céda le 7 novembre seulement à la pression de l'opinion qui exigeait la création d'une garde mobilisée et l'on exécuta le décret mollement, lentement. Quinze jours après Sedan, l'on aurait pu avoir debout et prêts au combat cent mille mobilisés parisiens, anciens soldats pour un tiers et assez exercés pour une attaque comme celle de Châtillon; le décret qui les appelait ne parut que soixante-cinq jours plus tard.

On s'en excusa sur le manque d'uniformes et de fusils de précision.

Il y avait, l'avenir le prouva, assez de fusils à tabatière, assez de chassepots, de sniders, de remingtons pour deux cents bataillons, surtout si l'on avait disposé des vingt-cinq mille chassepots de réserve qui n'ont jamais servi à rien.

Quant à l'équipement, si l'on avait voulu réquisitionner énergiquement draps, chaussures, cuirs, ouvriers et grands établissements de confection, on aurait improvisé en quelques jours l'indispensable, quitte à obtenir plus tard le nécessaire.

On préféra passer des marchés au rabais par l'intermédiaire des anciens faiseurs de la préfecture de la Seine, gens à pots-de-vin et à friponneries; on préféra les plus tristes combinaisons amenant les plus désolants retards, à la réquisition loyale, payant à caisse ouverte, sans tripotage et sans vol.

De même pour les canons. On ne voulait pas des canons de l'industrie privée. Le comité d'artillerie les repoussait avec un entêtement indigne qui seul suffirait à l'amener devant un conseil de guerre : les pièces de 7 étaient considérées comme une création ridicule; enfin ce comité de ganaches, qui avait déjà repoussé le fusil et le canon se chargeant par la culasse, s'acharnait contre toute innovation.

Et quand l'opinion publique, après tant de jours perdus, imposa sa volonté; quand les canons de 7 *eurent fait merveille*; quand la question fut jugée, le comité d'artillerie reçut comme châtiment de ses criminelles résistances..... les récompenses les plus honorables.

Les états-majors étaient pleins de créatures sans talents, devant tout à la faveur, militaires de cour et de salon qu'on aurait dû balayer pour épurer l'armée.

On les conserva, et il se forma des centres de résistance à l'esprit révolutionnaire au sein de l'armée.

Des officiers sceptiques, ne croyant à rien, ne désirant rien tant que la paix, n'ayant ni foi ni ardeur, soufflèrent le découragement partout, et la fatale désespérance qui, sur la fin, s'était emparée de nos divisions, fut leur œuvre.

Il eût fallu Hoche, Marceau, Kléber, Desaix, des cœurs pleins d'espérances radieuses et débordant d'ardeur; on eut des généraux qui ne comprenaient rien à la Révolution, rien à la guerre nouvelle, rien aux élans de Paris.

Hommes glacés par l'âge, désenchantés de tout, élevés dans les vieux errements, capables, — les meilleurs, — de mourir bravement, mais incapables d'une conception.

Quant aux pires, ils étaient capables de tout et l'ont prouvé!

On en vit même ajouter à l'impuissance la plus radicale des insultes lâches aux gardes nationaux redescendant meurtris sous la mitraille de Montretout.

En 92, les assemblées décrétaient la victoire en décrétant la destitution et le châtiment des coupables et des traîtres; aussi, des armées, surgit-il un admirable état-major qui sut les conduire.

En 70, le gouvernement que le peuple a qualifié de *Défiance nationale* prit soin de récompenser tous les insuccès et toutes les défaillances; aussi pas un général qui soit digne de l'attention du monde.

Sauf nos vaillants amiraux et quelques exceptions heureuses dans l'armée de terre, nous pouvons dire que jamais on ne vit tant d'impuissance et de mauvaise volonté en haut, avec tant d'énergie et de force en bas.

Car la ligne, trop méconnue, la mobile mal constituée, la garde nationale trop tard appelée, étaient d'admirables éléments dont on ne sut faire que de la chair à canon.

Nous allons esquisser chaque phase du siège et prouver que, jusqu'au 2 décembre, les généraux pouvaient vaincre, en les accusant d'avoir laissé la victoire leur échapper.

Puis nous dirons quelle est, selon nous, leur part de responsabilité dans le crime de lèse-nation qui fut commis.

La marche des Prussiens sur Paris.

Le 4 septembre, la République était proclamée.
Le 17 seulement, Paris était investi.
Le gouvernement avait donc devant lui treize jours pour appeler à la défense tout ce qui restait debout, tout ce qui pouvait se lever.
Il eût été possible et facile de tripler le chiffre des approvisionnements, d'amener trois fois plus de canons de marine que nous n'en avons eu et de faire venir de province des fusils, du cuir et des draps. Nous n'insisterons pas sur les indécisions, le désordre, les incroyables négligences dont le pouvoir se rendit coupable pendant ces treize jours; les faits sont patents et se passent de preuves.
Le pouvoir fit un recensement des vivres, en trouva pour deux mois, jugea le délai suffisant et se croisa les bras ou à peu près.
Il ne croyait pas à un plus long siége; il ne croyait même pas à la résistance.
Il négociait déjà et mendiait pour la République française l'appui de l'Europe monarchique qu'avec un peu de bon sens politique, il eût jugé devoir lui être refusé.
Il rappela Vinoy qui fit une belle retraite et se conduisit fort honorablement alors, nous le constatons hautement, car nous sommes surtout jaloux d'être juste et impartial.
La garde mobile des départements fut en partie appelée à Paris; on procéda même à la formation de la garde nationale. Mais, quand on vit l'immense foule de citoyens qui voulaient s'armer, on se prit de peur et l'on entrava cette formation, qu'en vue d'un siége court et d'une paix prochaine, on jugea inutile, dispendieuse et pleine de péril pour l'ordre.
Tous les faubourgs armés !
Il y avait de quoi faire trembler les républicains du pouvoir.
Pendant ces treize jours, on travailla aux forts, aux portes, à quelques retranchements, mais on ne fit pas les grandes choses qu'il fallait.
Déjà des esprits clairvoyants avaient signalé les hauteurs qui dominent les forts comme de dangereuses positions qu'on devait à tout prix occuper, et Paris entier se tournait inquiet et anxieux, vers les plateaux de Châtillon, de Montretout, de Champigny, de Gonesse, d'où l'ennemi devait le foudroyer.
Au premier appel, deux cent mille hommes eussent travaillé nuit et jour pour terminer les redoutes commencées sur certains points, pour élever les autres.
Mais on abandonna à des entrepreneurs ces travaux que le peuple eût enlevés en quelques jours et qui ne furent pas achevés à temps.
On donna des prétextes.
On manquait d'outils.....
Et cent autres mensonges qui cachaient le vrai motif : l'incrédulité anti-patriotique et injurieuse du pouvoir dans le dévouement de la population la foi qu'on avait dans les négociations.
En province, des nuées de francs-tireurs se levaient demandant aide, direction, protection.
Ces corps nombreux auraient pu disputer les passages, défendre l'entrée des forêts, rendre celles de Bondy et Fontainebleau infranchissables pendant longtemps; quelques-uns même parvinrent à tenir de grandes forces en échec.
Le gouvernement ne vint pas en aide à ce mouvement.
Aussi quand l'ennemi parut, trouva-t-il presque tous les passages libres, les hauteurs inoccupées ou livrées presque sans combat.
Paris était insuffisamment approvisionné et la garde nationale à l'état de corps qui aspire encore à se constituer.
Les Prussiens purent donc sans grand danger procéder à cette opération de l'investissement, difficile toujours et souvent signalée par des pertes considérables.
Il est vrai que M. Thiers se faisait jouer par toutes les chancelleries de l'Europe!

L'Investissement.

Toute l'Europe militaire le jugeait impossible. Une armée, qui cherche à envelopper une ville, opère par des marches de flanc extrêmement difficiles et livrant ses corps aux coups de l'ennemi pendant un défilé qui ne permet pas de présenter un front de bataille en cas d'attaque.

Les colonnes se trouvent alors dans la position d'un homme qui serait assailli de telle sorte que son adversaire le frapperait de ses deux poings, pendant que lui-même ne pourrait riposter que d'un bras et encore dans une position gênante.

C'est l'heure du grand effort pour la garnison.

Elle guette l'instant propice, saisit ce moment où l'ennemi s'étend en longs et minces cordons, offrant le flanc vulnérable.

Une bonne troupe, avec sa retraite assurée par les canons de la place, obtient presque toujours un succès, dans ces moments critiques pour l'adversaire.

Le général Trochu, à Châtillon, tenta l'un de ces efforts, il voulait couper et percer les corps qui, de Joinville-le-Pont, marchaient sur Versailles.

Il échoua et nous fûmes battus avec cette circonstance aggravante qu'il y eût panique.

Comme général ayant ordonné l'action, Trochu ne saurait être condamné, ni blâmé.

Il essayait sa troupe, il tâtait l'ennemi, il se conduisait d'après les lois de la guerre et celles du gouvernement.

Mais, quand on examine sa conduite en dehors de l'action même, on trouve les causes de son échec, et l'on établit sa part de responsabilité.

Il n'avait sous la main que des régiments de ligne et de mobiles peu exercés, point manœuvriers, sans solidité, sans esprit de corps, inexpérimentés et surtout dépourvus d'ardeur.

Trochu ce jour-là n'avait pas réellement ce qu'on peut appeler des troupes.

La faute en était aux hommes du gouvernement.

Si le pouvoir avait su mettre ce jour-là, entre les mains de Trochu une armée révolutionnaire, que ce général était incapable de créer, mais qu'il eût acceptée et dont il se fût épris, si la communion entre l'armée et le peuple avait été consommée le 4 septembre et cimentée par des appels patriotiques et révolutionnaires à tout ce qui vibre dans un cœur de soldat; si l'on avait eu comme têtes de colonne dix mille anciens militaires de la garde nationale, élément assez fait au métier des armes pour qu'on eût pu la mettre en ligne en dix jours; si devant ces volontaires de Paris, vétérans de Crimée, d'Italie et d'Afrique, on avait vu ceux qui portent les grands noms républicains : Victor Hugo, Blanqui, Louis Blanc, Delescluze, Jules Favre même, ceints de l'écharpe tricolore et marchant au feu, non comme chefs, mais comme drapeaux ; si ce premier effort eût été sublime, au lieu d'être ridicule et mesquin! nous aurions remporté une éclatante victoire morale, peut-être, un grand succès matériel ; à coup sûr beaucoup d'honneur... et l'investissement fût devenu impossible.

Certainement, la confiance eût envahi ceux qui depuis lors ne cessèrent de douter; les généraux emportés par le flot révolutionnaire eussent grandi de toute la hauteur des vagues immenses de cet océan d'hommes qui s'appelle Paris, et qui, débordant des remparts, eussent englouti l'armée prussienne.

Mais, au lieu d'être le commencement héroïque d'une merveilleuse épopée, ce combat de Châtillon fut le début sinistre d'une longue suite de désastres et de souffrances, suivie de l'effondrement de toutes les espérances que la République avait mises dans les entrailles du peuple.

L'Installation.

Donc une armée de trois cent mille Allemands au plus avait réussi à investir une ville occupant un développement de vingt-cinq lieues et renfermant dans son sein cent soixante mille hommes de troupe et trois cent mille citoyens armés.

La troupe régulière était trop peu aguerrie, la garde nationale trop peu organisée pour s'opposer à ce mouvement.

Telle est l'excuse.

Nous avons dit ce qu'elle vaut.

On avait perdu des heures dont la fièvre révolutionnaire eût fait des jours. Quand tout un peuple se met à l'œuvre dans les circonstances critiques, une minute de son labeur produit d'immenses résultats.

On ne voulut pas du concours des masses appelées par un décret; on embrigada çà et là quelque dix mille travailleurs, alors que cinq cent mille bras se tendaient vers les ingénieurs pour élever des digues colossales de terre et de pierre contre le torrent d'ennemis roulant vers nous.

Il n'est pas de maison qui n'ait son outil ; on compte à Paris près de cent mille terrassiers, les instruments abondaient.

Il eût fallu réquisitionner, se remuer, inventer.

On préféra déclarer que les outils manquaient.

Au fond, on ne se souciait pas d'en trouver.

A quoi bon remuer tant de terre, quand M. Jules Favre amoncelait tant de mots sonores sur des phrases creuses, et quand le général Trochu entassait tant de proclamations déclamatoires, sur tant de rapports militaires vides de faits d'armes?

L'un parlait, l'autre écrivait.

Inutile que le peuple agît !

Ce résultat inouï, improbable, auquel personne ne s'attendait en Europe : le blocus de Paris ! était réalisé par l'ennemi.

Mais ce blocus, on pouvait le forcer.

Comment ?

En gagnant l'ennemi de vitesse.

Lorsque l'on investit une ville, pour assurer l'opération, on amène toute une armée devant cette ville, afin d'avoir une énorme supériorité de forces.

Puis, le mouvement enveloppant terminé, les corps qui doivent cerner la place étant bien solidement installés sur de fortes positions, l'armée les abandonne et continue sa campagne.

Il suffit que les assiégeants, l'investissement une fois terminé, soient trois fois plus forts que la garnison, pour mener le siège à bonne fin, et tenir contre toutes les sorties.

Mais il faut pour cela que l'installation soit finie, que chaque corps soit couvert par des lignes de circonvallation, des redoutes, des batteries contre les attaques de la place ; il faut qu'il ait enveloppé les remparts de celle-ci par un réseau de retranchements derrière lesquels un homme en vaut vingt ; il faut aussi qu'il ait une artillerie de siège assez forte pour garnir ses lignes, et éteindre l'artillerie de la place.

Tant que ces travaux ne sont pas terminés, tant que *l'installation* n'est pas complète, l'armée qui a mis le siège devant la ville soutient les corps de blocus et ne saurait s'éloigner sous peine de compromettre les assiégeants.

D'ordinaire cette période d'installation est assez courte, dix jours y suffisent.

Mais pour une ville aussi démesurément grande que Paris, cette phase du siège devait être longue.

Couvrir de retranchements cette ceinture immense de collines, qui entoure Paris, est une entreprise telle, qu'éloigné de ses bases d'opérations, n'ayant rien sous la main, manquant d'artillerie de siège, l'ennemi dut y consacrer deux mois : du 17 septembre au 17 novembre environ.

Et encore, quoique très-formidable déjà, l'installation n'était-elle pas terminée complétement à cette date.

Jusqu'à la dernière heure de cette période, nous l'avons dit, les assiégeants se trouvent dans une position hasardée, s'ils n'ont pas des forces très-supérieures à opposer aux assiégés.

Or, les Prussiens étaient plus nombreux que nous.

Nous avions trois cent mille gardes nationaux, pleins d'ardeur et de patriotisme, dont beaucoup étaient de vieux soldats, qui tous eussent pu être mobilisés en deux catégories dont la seconde eût formé la réserve.

De plus, nous avions en dehors de l'armée plus de cent mille soldats : jeunes gens de dix-sept à vingt ans qui eussent pris les armes; francs-tireurs, volontaires de Beaurepaire, etc., etc., dont on découragea la formation sous prétexte d'indiscipline, de pillage de propriété (1), etc....

Enfin nous avions la mobile et la ligne.

Mais de ces éléments on ne sut pas faire des soldats.

On venait de reconnaître à Châtillon que les troupes régulières manquaient d'aplomb ; on sentait l'insuffisance d'effectif de cette armée régulière ; on voyait l'ennemi se presser de travailler, et on savait qu'il n'avait que trois cent mille hommes devant nous.

Il fallait donc se hâter de créer un matériel supérieur au sien et une armée véritable plus nombreuse que la sienne.

On avait deux mois environ devant soi.

Au lieu de procéder par les grands moyens, au lieu de prendre des mesures marquées au cachet du génie révolutionnaire, au lieu d'exalter les esprits, de faire bouillonner le sang dans les veines des Parisiens, de jeter l'armée dans les bras du peuple pour que de leur étreinte naquit la fusion patriotique, au lieu d'être franchement républicains et sans arrière-pensée, les hommes du pouvoir se montrèrent petits, mesquins, tortueux, pleins de réticences, de perfidies et de louches défiances.

On sépara la ligne de la mobile et toutes deux des citoyens.

On craignait les faubourgs ; il fallait un en-tous-cas d'émeute. Les troupes furent à deux fins : l'extérieur et l'intérieur.

De là les malentendus entre Paris et l'armée.

De là les accusations maladroites, portées par certains patriotes, contre la ligne et la mobile.

De là le désolant accueil fait dans le principe par nos divisions, aux bataillons de marche de Paris.

---

(1) Propriété !... Voilà le grand mot.

Les hommes du pouvoir s'occupaient plus de quatre bicoques dévalisées à Nogent par une bande irrégulière que des batteries de Champigny.

Ils songeaient à sauver la propriété bien plus que la patrie :

Périsse la France plutôt que la propriété !

On ne saurait s'imaginer à quel point le pouvoir s'effarait pour une cave vidée, pour une armoire brûlée : questions de salle de police et de cachot dont on fit des questions d'État !

Sans doute certains actes annonçaient une indiscipline qu'il fallait réprimer. — Mais pour avoir de la discipline, il faut que les chefs aient de l'autorité, et cette autorité se conquiert facilement, quand d'en haut vient une impulsion vigoureuse, ferme, et que le soldat sent sur l'armée une main puissante.

Comme les états-majors n'avaient pas le feu sacré, la foi, l'ardeur, le grand souffle révolutionnaire, il fut impossible d'obtenir l'obéissance.

Il est deux disciplines :

L'une est le résultat du despotisme absolu de l'officier et de la transformation du soldat en machine ; c'est la discipline de la tyrannie.

L'autre est produite par le dévouement des troupes aux lois du pays, par l'esprit de désintéressement, de dévouement, d'obéissance voulue qui pénètre les armées luttant avec enthousiasme pour l'indépendance de la patrie.

C'est la discipline de la Liberté !

Comme nous n'étions ni tout à fait esclaves ni tout à fait libres, comme on n'avait pas su enflammer les soldats et leur mettre aux lèvres la *Marseillaise*; comme, d'autre part, on n'osait pas les courber brutalement sous le joug, on n'obtint pas de discipline vraie.

De là le manque d'ensemble, d'unité, de concorde.
Et ce fut l'œuvre des Machiavels du pouvoir !
On n'eut donc pas cette armée qu'on aurait pu créer.
Nous rappellerons les lenteurs apportées à la fabrication des canons et des armes, l'indignation de Paris contre cette opposition faite par la direction de l'artillerie et la façon dont il fallut imposer les pièces de 7.
Nous rappellerons encore la bizarre manière dont on fit les marchés (des marchés !) pour l'équipement de la garde nationale de marche ; marchés passés très-tard, alors que dès le 8 septembre on avait dû prévoir qu'un jour il faudrait deux cent mille équipements.
Nous rappellerons enfin l'inertie contre laquelle Paris s'insurgeait et s'indignait, et nous serons en droit de dire que si l'on ne fut pas prêt, c'est qu'on ne le voulut pas.
Aussi l'ennemi auquel, dès les commencements d'octobre, nous aurions pu opposer près de trois cent mille hommes, contre lequel, à la fin du même mois, on aurait braqué six cents canons, sur lequel on aurait passé et repassé facilement, l'écrasant à chaque fois, aussi, disons-nous, cet ennemi qui aurait été devancé, prit-il sur nous toute l'avance. — Et nous fûmes battus toujours, parce que les Prussiens avaient su utiliser leur temps; ce qui, en dehors des fautes commises, suffirait à expliquer nos désastres.
Une rapide revue des combats livrés dans cette période du siége, démontre ces tristes vérités surabondamment.

A Chevilly et à Thiais, l'on tente une revanche de Châtillon. — Mais, comme l'on subit un échec, on déguise cette attaque sous le nom de reconnaissance ; c'était une puérilité, et c'était aussi un péril.
Dire à des troupes : Vous partez pour une reconnaissance, c'est les préparer à une prompte retraite dès que le danger paraîtra sérieux ; car le but d'une reconnaissance est d'étudier une position, non de l'enlever.
Dans ces sortes d'opérations, le soldat pense, dès le début, qu'il doit revenir sur ses pas aussitôt que l'ennemi aura démasqué ses forces.
Puisque l'on avait qualifié l'attaque de reconnaissance, on ne pouvait développer de grandes forces; on ne mit que peu de bataillons en ligne.
Néanmoins l'attaque réussit en partie ; une batterie est prise.....
Puis des renforts arrivent à l'ennemi.
Aux nôtres, presque vainqueurs, il vient... un ordre de retraite.
Comme l'on avait fait cette tentative sans espoir, l'on n'avait rien prévu pour assurer un succès et en profiter.
Point de réserves.
Point de chevaux pour enlever les canons pris.
Point d'outils pour les mettre hors de service.
On s'en retourna battu.
Pauvres et chers morts de Montretout, que n'étiez-vous là et nous tous, gardes nationaux de marche, avec vous; vous seriez tombés au milieu d'un triomphe.
Mais on ne pensait même pas à constituer nos bataillons!

Après Chevilly, une idée, déjà énoncée par beaucoup, prend consistance, s'affirme et s'impose : tout Paris demande que, comme les Russes sous Sébastopol, nous marchions par la sape vers l'ennemi.
Siége contre siége.
Une ville contre un camp.
Deux armées allant par des chemins couverts à la rencontre l'une de l'autre.
Nous avions plus de bras que nos adversaires, et cette supériorité nous assurait la victoire.
On crut que le gouvernement cédait à la pression, on le prétendit à l'œuvre et l'on s'endormit sur la foi des promesses.
Mais après quelques levées de terre et la création de quelques batteries avancées le plan fut abandonné.

Or, nul ne le niera, en piochant sans relâche du 17 septembre au mois de décembre, on aurait poussé de toutes parts les tranchées jusqu'aux positions ennemies, qui fussent tombées en nos mains dans un assaut général.

Le plus sûr moyen de salut fut donc négligé et l'on renonça à ce que les soldats appellent *la guerre des taupes*, la guerre souterraine, celle qu'il fallait faire, celle qui faillit sauver Sébastopol et qui eût sauvé Paris.

Autre combat à la Malmaison, mêmes fautes.

Nous sommes sur le point de vaincre, la déroute a presque commencé (lire les journaux allemands) ; il n'y a contre nous que cinq régiments de ligne ; Versailles va tomber en notre pouvoir.

Que fallait-il pour pousser plus à fond ?

Un peu de foi et beaucoup de gardes nationaux mobilisés.

Cinquante bataillons de marche auraient décidé de la victoire.

Mais on n'avait pas encore daigné admettre alors que la garde nationale pût garder autre chose que les remparts.

Au Bourget, une poignée de francs-tireurs enlèvent la position que sûrement l'ennemi devait tenter de reprendre.

On le voit masser des forces ; on n'ose pas dégarnir certains points pour appuyer celui-là ; on tergiverse.

La position cependant était si défendable que les Prussiens parlent avec amertume, des pertes énormes qu'ils firent dans cet assaut.

Que fût-il arrivé si cent pièces de campagne, et cent mille gardes nationaux avaient débouché sous le canon d'Aubervilliers ?

L'ennemi eût été battu, cerné, pris ; en poussant le succès, on aurait enlevé Gonesse avec ses hauteurs.

Mais ce ne fut qu'un douloureux échec.

On se décida enfin à un grand effort vers l'Est ; l'objectif est d'abord Champigny, puis en arrière Chelles où sont d'immenses approvisionnements.

Mais déjà il est trop tard.

L'ennemi a défendu Chelles par 150 pièces de position ; eût-on conquis la première ligne des hauteurs qu'il resterait à faire le siège en règle de Chelles.

Non-seulement l'installation est très-avancée sur ce point, non-seulement on commet cette faute d'y arriver trop tard et sans résultats possibles, mais on ne met pas encore en ligne sérieusement la garde nationale de marche, et l'on se prive de cet élément qui n'est qu'à peine organisé.

Trop tard, toujours et partout.

Il est vrai que l'on complique encore la gravité de la situation en manquant l'opération du passage de la Marne par une incurie coupable qui n'a jamais été punie et qui est presque une trahison ; il est vrai qu'on amoncelle faute sur faute et qu'on ne veut pas tenir compte de l'avis d'un colonel, observant que la Boucle de la Marne est un mauvais terrain, que le débouché du centre sera très-compromis par des feux convergents, que la traversée d'une crête qu'il faut longer sera dangereuse et meurtrière.

Rien n'y fait.

On va en aveugles, comme gens qui n'espèrent rien, et pensent que la défaite étant partout, un point ou un autre devient indifférent.

Aussi, le 30, n'est-on victorieux que dans le bulletin de Trochu ; le 2 décembre, l'on ne repousse que très-péniblement une attaque violente ; et le 3 décembre, on repasse la rivière.

Et cette retraite clôt la phase de l'installation, prouvant que celle-ci est complète.

L'heure de l'espoir était passée.

Paris était dès lors impuissant à se débloquer seul, comme nous le prouverons ;

mais il avait cru pendant quatre-vingts jours à la possibilité, à la probabilité du succès.

Nous avions laissé à la Malmaison, au Bourget, à Chevilly, à Champigny des milliers de cadavres sur le terrain; des flots de sang avaient coulé inutilement par la faute de ceux qui gouvernaient Paris.

Que ce sang retombe sur eux, et que les mères les maudissent !

Mais que, dans leur deuil, elles s'en souviennent!

Si la foi révolutionnaire avait grandi les petits hommes qui nous commandaient, ce sang des martyrs eût été fécond, et nos femmes n'auraient pas à pleurer et sur les enfants morts et sur la patrie perdue.

Le Bombardement.

C'en était fait.

L'ennemi avait enfin élevé toutes ses redoutes, toutes ses batteries, et il allait nous bombarder.

L'installation était terminée.

Dès lors tout tournait contre nous, et nous étions perdus.

Ici, il faut se séparer complétement de l'opinion générale qui croyait au succès d'une grande sortie après le 2 décembre.

Le succès était impossible.

Jusqu'à cette date, la victoire était en nos mains et le malheur fut que nos généraux ne le crurent pas; ils allaient, répétant à tout venant, que l'on ne débloquait pas une place sans un secours du dehors ; que ça ne s'était jamais vu et que ça ne se verrait pas.

Mais là était l'erreur. Ils ne comprenaient pas, ces hommes du passé, qu'on *voyait* une chose qui ne s'était jamais *vue* : l'investissement d'une ceinture de forts de vingt-cinq lieues de tour, d'une ville comptant cinq cent mille soldats, d'une cité qui était tout un monde et que l'on pouvait,— ce qui n'arriva jamais auparavant,— disposer contre les assiégeants de plus de forces qu'ils n'en développaient contre nous.

Ils oubliaient que la période d'installation, si rapide dans les cas ordinaires, allait être démesurément prolongée, et que, tant qu'elle ne serait pas close, nous avions pour nous, nos forts tout-puissants par leurs feux, nos retraites assurées, nos attaques couvertes contre des positions mal fortifiées, mal protégées par une artillerie de campagne que nos pièces de siége réduisaient au silence.

Ils oubliaient qu'enfin nous pouvions assembler nos forces sur un seul point, en trois fois moins de temps que l'ennemi.

Oui, jusqu'au 2 décembre la victoire était en nos mains ! Mais, depuis, toute grande sortie devenait un acte désespéré et inutile ; nous ne pouvions plus être sauvés que par les armées de secours venues du dehors.

Prouvons cette assertion.

Tant que nos forts assuraient à 7 et 8,000 mètres la sécurité relative de nos attaques, en éteignant le feu des batteries de campagne et de position des adversaires; tant qu'ils ne pouvaient nous opposer que des canons de calibre, ou petit ou moyen, tant que nous pouvions répondre à leurs batteries par des batteries plus puissantes; la lutte était à notre avantage.

Mais depuis le 2 décembre, jour deux fois sinistre pour la France, les Prussiens démasquèrent une série de formidables batteries, battant nos forts, et assez puissantes pour éteindre leurs feux, en se faisant un jeu de culbuter toute artillerie de campagne qui se présenterait en ligne (1).

---

(1) Sur certains points, l'ennemi n'avait pas de batterie à portée de nos forts; mais, dans ce cas, ses lignes très-reculées n'étaient plus sous notre feu, et la bataille, se livrant loin de nos lignes, nous étions sans protection contre les pièces de siége ou de position de nos adversaires, auxquels nous n'opposions que de l'artillerie de campagne.

En pareil cas, il n'y avait plus de grande bataille possible, car l'assiégeant a pour lui des avantages énormes, dès qu'il tient l'assiégé sous les feux irrésistibles de ses canons de siége.

Cette supériorité est mathématique, géométrale, et elle s'impose comme un axiome. Il se formule ainsi :

Les feux des assiégeants sont concentriques et ceux des assiégés excentriques.

Aussi, en cas de bataille, les Prussiens eussent-ils écrasé nos forts sous leurs obus, les rendant silencieux, et ils restaient maîtres de labourer les colonnes d'assaut, prises tout comme les forts, sous des feux convergents dont l'effet est toujours effrayant.

En outre la fusillade, elle aussi, est convergente; puis l'ennemi possédait plusieurs lignes de retraite étagées.

Tout était contre nous.

La grande sortie, de facile à exécuter auparavant, devenait donc une tentative folle.

Mais fallait-il demeurer inactif comme on le fit ?

Fallait-il laisser l'ennemi dégarnir les abords de Paris pour écraser la province ?

Fallait-il s'attirer l'amer reproche de Chanzy ?

Non, mille fois non.

On pouvait former quatre armées de vingt-cinq mille hommes, et chaque nuit l'une de ces armées eût tenté une attaque partielle sur un point, lançant seulement une avant-garde de cinq mille hommes qui eût rasé les avant-postes, se ruant par surprise sur les postes de soutien, arrivant par une furieuse charge, dans l'ombre, jusqu'aux canons ennemis si la panique favorisait sa course, et s'appuyant des vingt mille hommes pour se maintenir, en cas de succès imprévu, pour se dégager et se retirer en cas d'échec, mais ayant profondément troublé l'ennemi et surtout l'ayant fatigué et inquiété.

Le lendemain, même attaque sur un autre point.

Et ainsi chaque nuit.

On aurait retenu quatre cent mille hommes autour de Paris par ce système des sorties partielles ; on aurait lassé l'ennemi, et Chanzy n'eût pas été écrasé par les renforts envoyés de Versailles.

Mais il eût été trop simple d'avoir un peu de sens commun et d'arrêter enfin un plan et une tactique.

On s'était effaré, affolé au point de ne plus rien oser; on ne fit rien jusqu'au jour où Paris exigea impérieusement un combat pour ses gardes nationaux qui frissonnaient au vent de défaite passant dans l'air et qui, sentant le sol trembler sous leurs pas, l'abîme s'ouvrir sous Paris, voulaient s'y ensevelir sans honte, debout ou morts, mais après avoir combattu.

Déjà les négociations étaient entamées, déjà la capitulation était chose arrêtée dans les conseils du gouvernement.

Mais comment la faire accepter par la garde nationale qui se montrait ardente, résolue, exaltée ?

On la lança sur Montretout pour qu'elle se convainquît par elle-même de l'inutilité d'une grande sortie.

Aucun des généraux qui attaquaient n'ignorait le secret du pouvoir ; on allait se battre uniquement pour donner un semblant de satisfaction à Paris ; il n'y avait aucun espoir, aucune chance.

Telles étaient du moins les convictions des états-majors.

Oui, la victoire était à peu près impossible, nous l'avouons ; mais était-ce une raison pour ne prendre aucune précaution, pour laisser les régiments mobilisés sans ordres, sans direction, sans soutien ?

Fallait-il donc les abandonner aux hasards de leur inspiration et les laisser aux prises seuls, sans canons, sans guides, devant les batteries prussiennes ?

Et si l'impossible avait pu se faire !

Et si un miracle d'élan avait renversé toutes prévisions !

Si une percée, momentanée (1), inutile en fin de compte, mais brillante, nous

(1) Nous disons momentanée, parce que, sans base d'opérations, sans convois, sans

avait permis de rompre, ne fût-ce qu'une heure, le cercle de fer qui nous entourait, si nous avions remporté une victoire stérile, mais une victoire ! c'eût été pour Paris et pour la France une gloire et une joie au milieu de tant de honte et de deuil !

On ne voulut même pas admettre cette supposition d'une trouée, d'un succès, d'un bonheur.

Les états-majors allèrent au feu avec une répugnance visible et une sorte de haine dédaigneuse pour la garde nationale qui les obligeait à une dernière lutte.

Aucune précaution ne fut prise, aucune règle ne fut suivie.

On fait patauger pendant des heures et des heures les gardes dans la boue ; ils n'ont ni instructions détaillées, ni mission nettement définie.

On les laisse cohue, foule confuse, passer une nuit sans feu, sans abris, sans généraux qui paraissent au milieu d'eux et s'en fassent un peu connaître.

Ils sentent déjà l'abandon.

Au jour, un général est en retard de deux heures ; une division se trouve inopinément canonnée par une batterie inconnue (inconnue..... oui !.....) ; un ordre d'avancer est apporté à trois régiments par un simple sergent qui le donne de vive voix ; des bataillons vont droit devant eux, ne sachant que faire ; c'est un scandaleux désordre.

Et la garde nationale se bat néanmoins avec héroïsme, couronne les hauteurs et laisse les états-majors stupéfaits au bas des pentes.

Va-t-on leur envoyer, à ces colonnes intrépides, du renfort et du canon ? Va-t-on les soutenir ?

A quoi bon !

S'ils poursuivaient leurs succès, s'ils allaient de l'avant, ils remporteraient peut-être une véritable victoire.

Et alors ils deviendraient intraitables au sujet de la capitulation résolue.

On s'agite en bas, on a l'air d'atteler des chevaux à des pièces, qu'on lance dans les terres labourées.

Mais en haut, sur un point trop en vue pour qu'on ne la remarque pas, se trouve une batterie.

Elle est muette.

De toute la journée, elle ne tirera pas.

Comment celle-là est-elle arrivée ?

Par les chemins.

Pourquoi les autres vont-elles à travers les terres détrempées ?

Pourquoi les canons qui couronnent en petit nombre les hauteurs se taisent-ils presque tous ?

C'est parce qu'on ne veut vaincre à aucun prix.

L'on est venu chercher une défaite de la garde nationale, et c'est une défaite qu'on veut avoir.

Et l'on fut battu !

Certes, il est cruel pour des soldats de livrer un combat qu'ils savent inutile et de s'associer à la lutte qu'une troupe qui ne s'est pas encore battue veut tenter pour avoir l'honneur de s'être montrée vaillante avant de succomber.

Oui, nous en convenons, l'armée qui s'était fait décimer à Champigny pouvait se dispenser d'entrer encore en lice pour cette bataille toute parisienne, exigée par la population qui tenait impérieusement à ce que les régiments de Paris donnassent une bonne fois.

Mais alors il fallait franchement dire la vérité.

On se serait passé de l'armée.

On aurait fait appel à des généraux, à des colonels de bonne volonté.

Toute la garde nationale se serait mise en marche, seule, sous la conduite de chefs

vivres, sans munitions, l'armée de Paris eût été obligée de revenir sur ses pas, après avoir coupé les lignes ennemies sur un point.

Il lui eût été impossible de rejoindre les armées de province ou de maintenir la position conquise, étant donné, d'une part, le peu de vivres restant à Paris, d'autre part, l'éloignement de Chanzy.

résolus à partager la gloire d'une belle et grande journée de sacrifices faits à l'honneur, et on aurait vu de grandes choses au lieu d'une échauffourée qui, heureusement, donne la mesure de ce qu'on pouvait attendre des Parisiens avec un autre gouvernement.

Cette bataille de Montretout n'avait d'autre but que de faire une saignée à la garde nationale, atteinte du délire patriotique et gênant les calmes combinaisons du pouvoir ; ainsi l'on tire un peu de sang au malade atteint d'une fièvre chaude.

La chose faite, on capitula....

Il n'y eut qu'un millier de morts tombés sur le champ de bataille et le gouvernement, dit-on, se félicite de l'habileté avec laquelle il a, par humanité, ménagé nos existences en satisfaisant notre amour-propre.

Ah ! qu'il eût mieux valu joncher le sol de trente mille cadavres et clore le siége par une journée terrible et grandiose.

Mais ils n'ont même pas voulu finir dignement ce qu'ils avaient si piètrement commencé.

Petits hommes, petites choses, petits combats, petit début, petite tâche!

Pauvre Paris géant, par quelles mains tu as été conduit !

A cette heure que te voilà sombre et vaincu sous le canon de l'ennemi, n'oublie plus, colosse, qu'au jour de la revanche il ne te faut qu'un guide :

LA RÉVOLUTION

Louis NOIR.

LA FAIM

L'ennemi s'avançait.

Les membres de l'ancienne gauche, dès le lendemain du coup d'Etat qui les avait faits de force nos gouvernants, n'ont eu qu'une pensée : se cramponner à l'Hôtel de ville.

Ils ont perdu des jours nombreux à parader devant des visiteurs et des gens en quête de places. A l'instar du maître tombé la veille, ils se sont plu à écouter les banalités flatteuses des ambitieux et des courtisans ; ils ont noirci l'*Officiel* de nominations, d'allocutions, de proclamations, de supplications, de protestations, etc.....

L'ennemi se hâtait.

Les hommes de la défense nationale (!!) n'avaient que douze jours pour agir.

Aucune des précautions nécessaires pour arrêter l'armée allemande n'avait été prise, les gouvernants le savaient ; ils n'ignoraient donc pas que l'investissement était fatal, inévitable.

Nous avons aujourd'hui la preuve certaine qu'ils n'ont pas songé à faire le moindre approvisionnement ; Paris eût pu tenir un an, plus peut-être, si la Normandie, la Bretagne et les départements du Nord avaient été réquisitionnés (1).

Outre ces approvisionnements, les ressources de Paris,—ce monde ! — étaient là.

Sans prévenir, tout à coup, ils eussent dû décréter l'abolition provisoire du commerce des denrées ; d'un coup de baguette, faire fermer les volets des épiceries et des boulangeries, sceller les trappes des caves et cadenasser les grilles des boucheries.

L'ennemi marchait à grands pas.

Au même instant, il fallait faire les perquisitions, perquisitions impitoyables : sonder les murs, visiter les maisons, fouiller les magasins, puisqu'il s'agissait de sauver la patrie..., et enfin RATIONNER.

Mais c'était la Révolution, cela ; et les avocats du pouvoir n'en voulaient à aucun prix.

Il leur eût fallu les mécontenter, ces *hommes d'ordre*, leurs complices, ces riches, ces puissants qui avaient accaparé tout en vue de spéculations sur la famine ; et la Révolution leur eût fait perdre l'appui de ces anciens partisans de l'empire.

Alors ils seraient tombés du mât de cocagne, au haut duquel ils avaient déjà saisi la timbale de vermeil toute reluisante.

L'ennemi était aux portes....

L'ennemi, qu'importait ?

Ce qu'ils voulaient vaincre, c'était un autre ennemi : le *Peuple* qui allait mourir de

---

(1) Nous sommes en droit d'affirmer que les tonnes de lard salé qui ont été distribuées aux habitants, pendant une semaine, avaient été achetées et emmagasinées avant le 4 septembre par M. Clément Duvernois.

C'est donc grâce à ce prévoyant complice du héros de Sedan, que la population de Paris a pu être héroïque huit jours de plus.

Ajoutons que M. Clément Duvernois avait fait danser l'anse du panier ; il manquait huit kilos par tonne, ce qui explique l'élan patriotique de ce héros.

faim, le peuple qui songeait à se défendre, le peuple qui courait aux armes, confiant, plein de courage et d'espoir, le peuple qui croyait tenir la République à pleines mains.
Cette victoire contre ce peuple était facile :
M. Thiers venait de partir.

M. Thiers s'en était allé implorer bassement les monarchies étrangères et les appeler au secours de la République française. — N'a-t-il pas fait une plus triste besogne?
Et ils se gaudissaient à la pensée de *garder leur place!*
Et ils s'endormaient dans les fauteuils de velours vert du baron Haussmann, au coin des grandes cheminées de la salle du Trône. S'ils l'avaient osé, ils eussent fait entonner un *Te Deum* à Notre-Dame par l'archevêque de Paris.
Des cuirassiers blancs de M. de Bismark, des canonniers de M. de Moltke, il n'en était plus question.
De ce jour, nous avons assisté à toutes les scènes d'une parade banale et ridicule :
Petits avocats à face blême, encadrée par des favoris tombants; clercs d'avoués au nez relevé, agrémenté d'un lorgnon insolent; collaborateurs des journaux de l'ancienne opposition libérale, dite *modérée*; habitués de ces salons bourgeois où des précieuses critiquaient les livres académiques nouvellement parus; parloteurs, jargonneurs juridiques, *libéraux* et *libérâtres*, toute la troupe cascadait niaisement dans les bureaux et dans les corridors.
Déguisés en officiers d'état-major, l'épée au côté, sanglés, corsetés, pimpants, brillants, couverts d'oripeaux pailletés, ils encombraient les antichambres recevant les citoyens naïfs et bonasses poliment ou impoliment selon que leur digestion avait été bonne ou mauvaise..... Toutes les défroques de l'empire étaient là, on n'en avait changé que les boutons.
Ces paillasses, nous les avons vus jusqu'au dernier moment, ils sont encore à l'Hôtel de ville et M. de Bismark leur laisse leur épée (1).
L'ennemi s'installait.
Après M. Thiers, bafoué à Londres, c'est M. Jules Favre berné à Ferrières.
Le chef de la gauche ne nous a rapporté de son entrevue avec notre vainqueur qu'une longue et interminable harangue humide de larmes... Au moins il voyageait le *grand orateur!*
Que faisaient les autres?
A part M. Dorian, qui avait déployé toute l'activité d'un excellent mécanicien, les autres attendaient.
Qu'attendaient-ils?
La paix!
Ils attendaient la paix honteuse... Que leur faisait la honte, puisqu'ils avaient le pouvoir?
Mais l'ennemi n'était pas venu jusqu'aux portes de Paris pour consolider leur pouvoir..., il voulait entrer.
C'est alors qu'ils furent forcés de songer aux réquisitions, aux perquisitions, au rationnement; car il fallait, par pudeur, justifier l'étiquette qu'ils avaient collée à leur chapeau : *Défense nationale!*
Sans l'initiative de certains maires de Paris, le rationnement incomplet qui a été décrété si tardivement ne l'eût été que plus tardivement encore.
Epiciers, bouchers se mirent aussitôt, les uns, à enfouir leurs marchandises pour échapper aux réquisitions, les autres, à tuer en cachette des bœufs dont ils étouffaient depuis longtemps les mugissements et des moutons qu'ils avaient bâillonnés (2).

(1) Il est inutile de faire remarquer que, parmi cette nombreuse escorte de théâtre, bon nombre de jeunes gens eussent dû faire partie de la garde mobile ou des compagnies de marche de la garde nationale; et nous avons constaté qu'il y avait très-peu de ces messieurs qui fussent d'une constitution débile.
(2) Quelques détails particuliers sont indispensables à propos des réquisitions.
Au moment où, d'après le décret du ministre de l'agriculture et du commerce, les

Trop tard !
Trop tard pour réquisitionner !
Trop tard pour rationner !

Alors c'est un gâchis énorme, un tumulte effroyable, un trouble indescriptible. Les voilà affolés comme des hannetons que des gamins chassent à coups de pierre. Ils courent à droite, à gauche, voulant tout faire à la fois, et croient, par une précipitation désordonnée, rattraper ce qu'ils ont perdu.

Réquisition chez l'un, perquisition chez l'autre, sans raison, sans résultat ; ils ne trouvent plus que le quart des marchandises dans les magasins ; on a tout mangé, tout gaspillé ou tout caché.

Il faut cependant que Paris mange, puisque M. de Bismark exige qu'il y ait une résistance, puisque M. de Moltke veut que la plus grande ville du monde supporte un siége honorable.

Et les murs de Paris sont couverts d'affiches rédigées sans soin, sans orthographe; la plupart sont inintelligibles et prolixes... MM. les avocats sont pressés, ils arrivent en retard... ; il s'agit de parquer les vaches dans des endroits sûrs, afin que les malades et les petits enfants boivent du lait ; il faut mettre l'embargo sur tous les chevaux de Paris (1), sur les blés, les sons, les orges, les avoines, les pailles, les foins, les haricots, légumes secs, vesces pour les pigeons, sur tout.

Au milieu de tout ce brouhaha, ils songent à créer des commissions. Comment pourraient-ils faire tant de travail sans des commissions régulières ? Ils nomment des présidents de commissions, des vice-présidents, etc., etc.....

Il y a six semaines qu'ils eussent dû faire tout cela !

Quels spectacles navrants !

Les portes des boucheries municipales sont encombrées.

Dès cinq heures du matin, des femmes et des vieillards se pressent à la queue leuleu. Qu'il pleuve, qu'il neige, qu'il vente, qu'il gèle, cette foule est là, inquiète : y aura-t-il dans la boutique de quoi nourrir ceux qui sont à la maison ?

Nous les avons vues, les pauvres mères, emmitouflées dans leurs capelines, tenant à la main leurs petits enfants, qu'elles n'avaient pu laisser seuls chez elles ; pauvres moutards ! leur figure disparaissait sous les plis d'un gros cache-nez de laine tricoté par la grand'mère ! Nous les avons vus, les pauvres vieux, un panier à la main, battant des pieds le sol pour ne pas rester gelés, — autre campagne de Moscou ! — Tous grelottants !

Ils venaient chercher quelque maigre pitance : du cheval, de la viande salée, du bœuf d'Australie conservé, et quelles portions !

Quelquefois on voyait ces gens affamés se ruer sur le factionnaire qui faisait la police. La faim et la souffrance étaient effroyables !

Et ils se consolaient en bavardant : — Bah ! c'est un mauvais temps à passer ! Les Prussiens souffrent bien plus que nous ! — On dit que Trochu va nous débloquer.... Tant que Paris aura du pain et du vin, Paris résistera.... *Joséphine* a parlé hier, avez-vous entendu ?... etc.., etc...

bêtes à cornes ont été réquisitionnées, les habitants de certains quartiers se sont plaints amèrement et avec raison.

En effet, aucune perquisition n'a été faite dans les communautés religieuses, ni dans plusieurs hôtels du faubourg Saint-Germain et des nouveaux quartiers.

Or, nous savons de source certaine que les bouchers, dont nous pourrions au besoin citer les noms, allaient s'approvisionner dans ces maisons.

C'est, en vérité, trop de religion et à la fois trop de respect pour les *amis de l'ordre*.

Du reste, on a mangé peu de cheval, durant le siège, à l'hôtel Haussmann.

(1) Le réquisitionnement des chevaux, nous n'apprenons rien au public, à ce sujet, a été fait sans aucune intelligence. Pendant qu'on abattait des chevaux solides, jeunes et de grand prix, on voyait se traîner par les rues des rosses qu'eût méprisé Don Quichotte ; au moment où les lieutenants-colonels de la garde nationale ont été nommés, nous avons vu des propriétaires de chevaux réquisitionnés venir supplier ces officiers supérieurs de prendre leurs chevaux pour qu'ils ne fussent pas abattus. Des escadrons de cavalerie même ont été démontés, tant on était pressé d'avoir de quoi nourrir la population, tant le désordre était grand !

Pendant que ces pauvres gens, ignares, mais courageux, secouaient leur fardeau de douleur et de faim en narguant et plaisantant l'ennemi, les convois passaient lentement... les cimetières s'emplissaient...

Fluxions de poitrines, faim, petites véroles, avaient terrassé voisins et voisines. On fermait les yeux pour n'avoir pas peur et l'on pensait : Maladroits ! ils se sont laissé pincer !

Pauvre bon peuple et pauvres naïfs !

Et les gamins passaient en chantant les vieux airs de victoire : *Marseillaise* et *Chant du Départ*, comme ils auraient, hélas ! chanté *Les Pompiers de Nanterre*.

Par instants, le canon lointain grondait sourdement ; et sans cesse dans les rues, dans les carrefours, des appels de clairon : les gardes nationaux faisaient l'exercice.

Un matin grand émoi ! l'ennemi venait de démasquer des batteries formidables, et les habitants se groupaient autour des affiches rédigées par le gouverneur de Paris : « Le bombardement est commencé ! » affiches désespérantes, et désolées. — Les événements allaient se précipiter et l'on courait à la fin de ce lugubre drame.

Durant trois semaines, les obus crevèrent les toits, écornèrent les maisons, éventrèrent les femmes et décapitèrent les enfants. Bouleversement et massacre dans les foyers, dans les jardins, dans la rue. Toute la nuit, des éclairs sinistres illuminaient le ciel, des détonations effroyables faisaient trembler l'air et le chuchotement sifflant des obus déchirait l'espace. Parfois un écroulement de masure, parfois des cris dans la solitude : un blessé appelait du secours.

Pendant le jour, les voitures d'ambulance encombraient les rues et les boulevards... elles passaient au grand trot, laissant flotter au vent, comme un linceul taché de sang, leur pavillon de miséricorde.

Quelquefois, des roulements sourds et incessants, des crépitements saccadés, des grincements stridents, s'entendaient au loin, c'était une bataille.

Tous étaient là, anxieux, haletants... quand le bruit s'éloignait ou que le canon des forts cessait : « On poursuit les Prussiens... on va passer les lignes... nous avons gagné, » disaient les femmes dans les groupes, c'était le vent qui avait changé de direction... A la nuit tombante, dans les faubourgs à peine éclairés, on voyait défiler, lentement, les mulets, au pas lourd et cadencé, chargés de cacolets, sur lesquels souffraient en silence des soldats mutilés.

Hommes et femmes se pressaient autour de ces victimes sanglantes ; on les interrogeait... « Les Prussiens ont repris nos positions, nous sommes f.... » soupiraient ces mourants. Et la colère du peuple se tournait contre les soldats ; les femmes hurlaient : « Lâches ! traîtres !... » elles les auraient achevés, si on les eût laissé faire....

Aux poils des mulets des grumeaux de sang étaient collés.

Enfin, après tant d'alertes et de souffrances, un jour Paris s'éveille : les boulangers ont fermé leurs boutiques.

Plus de pain !

Sur les volets, une affiche apposée annonce que le pain est rationné... et les gouvernants exhortent le peuple à la patience et au courage. On prend patience, on prend courage....

Le bombardement redouble à ce moment. Aussitôt commence le défilé des déménagements. Tous ceux qui n'ont pu se loger dans des caves empilent matelas sur matelas, commodes sur commodes et chargent des voitures à bras précipitamment. On profite des courtes heures que l'ennemi laisse chaque jour, pour s'enfuir dans les quartiers où la mort ne pleut pas.

Voici la débandade : les femmes poussent les roues, les hommes et les enfants s'attellent aux brancards et tirent courageusement : il faut sauver les pauvres meubles qu'on a achetés à grand'peine.

Et du pain ?... Nos gouvernants prétendent qu'ils n'en ont pas... Les queues interminables continuent. On voit, dès minuit, les mères s'installer avec des chaises sur les trottoirs ; elles attendent que la fournée soit cuite, pour avoir 300 grammes de terre noirâtre pleine de paille et de sciure de bois ; elles n'ont même pas de chaufferettes... le bois manque... il n'y a plus de coke ; le charbon est réquisitionné pour les fonderies de canons.

Plus de pain, plus de bois !

Par les rues, on ne voit que les malheureux qui rentrent, la face blême, un pain sous le bras, un tronc d'arbre sur l'épaule. Les bancs des boulevards sont arrachés, les arbres abattus, les palissades démolies à coup de botte.

Chacun se jette sur tout ce qui brûle, et sur tout ce qui ressemble à du pain, farine, son, avoine, paille ou foin. Misère immense ! famine épouvantable !

A la dernière minute, pendant que tous, les pieds dans la neige fondue, font la queue ou fuient les *embrassements de fer* de M. de Bismark, tout à coup défilent des bataillons de marche de la garde nationale : ils vont en droite ligne à Courbevoie... une grande affaire se prépare, c'est le *coup de chien*.

L'espoir d'un succès illumine les figures de ces pauvres êtres qui souffrent. Il y a presque de la joie partout !...

Le canon gronde, une grande bataille sauvera peut-être Paris tenaillé depuis cinq mois !

La défense nationale va triompher, enfin !

Après la rentrée des blessés, on apprend que Montretout, c'est la déroute, et le lendemain à minuit :

SUSPENSION D'ARMES !

Depuis vingt-quatre heures, les hommes de l'Hôtel de ville connaissaient les désastres de la province, et les négociations étaient entamées. La bataille n'avait été décidée que pour satisfaire bêtement l'amour-propre de quelques-uns (l'ennemi le savait), et Paris était livré.

Après la déroute, le pain fut plus noir et plus sale que jamais, — on avait besoin d'une excuse.

Deux jours se passent, l'ennemi prend possession des forts, et le quartier général de Guillaume est juché au Mont-Valérien... Vinoy, le héros des retraites, et Trochu, le génie de l'incapacité, en ont ainsi décidé.

Et l'on put voir, un matin, triste, la tête basse, coiffé d'une casquette à galons d'or, une canne à la main, un vieillard descendre à grands pas les coteaux de Fontenay-sous-Bois. Cet homme allait, seul, désespéré, la rage au cœur, la honte au front ; il mordait un cigare éteint... C'était le capitaine de frégate qui commandait le fort de Nogent ! il rentrait à Paris... Ses marins étaient déjà bien loin en avant !...

31 janvier.

5 février.

Je viens du pont de Neuilly.

La foule se presse comme à une fête publique, ou plutôt comme à une foire. Sur les bas-côtés de la route, on ne rencontre que des gens ployant sous le faix : ils vont, les reins courbés, traînant un gros sac plein de pommes de terre, de pain blanc et de légumes. Ceux qui ont pu acheter un mouton vivant le tiennent en laisse comme un caniche, et le font marcher devant eux à coups de pied.

Sur la chaussée défilent les voitures encombrées de monde : paysans en bourgeron, paysannes coiffées de marmottes d'indienne. De temps en temps, un coupé élégant passe au grand trot ; aux vitres de la portière apparaît un monsieur décoré, vêtu à la dernière mode ; c'est un futur député qui s'en va en toute hâte mendier bassement en province les suffrages des ignorants du plébiscite. Camions, chars-à-bancs, tapissières et coupés s'arrêtent à l'entrée du pont et n'avancent plus qu'au pas, lentement, comme sur les boulevards un jour de carnaval ; les cochers, d'une main retiennent leurs chevaux, de l'autre tendent à un officier prussien leur laissez-passer signé : *Vinoy*...

Un état-major tout entier contemple de là la France vaincue et salie. Le général est en tête, fort gaillard, à barbe grise, un peu bedonnant ; sous sa casquette plate, à visière ovale, ses yeux, au regard insouciant, s'allument quand il examine un laissez-passer qui n'est pas tout à fait en règle. Autour de lui, les officiers impassibles font leur service sans mot dire et obéissent sur un simple geste ; à peine daignent-ils prononcer quelques brèves paroles quand un passager les interroge, et ils fument leurs cigares monstrueux avec méthode... et en cadence. Du reste, presque tous ont la mine d'employés de commissionnaires en gros. Ils ont l'œil inquiet et préoccupé du négociant, la lèvre pincée de l'avare, le front plissé du calculateur, le flair odieux du douanier.

La foule compacte se tasse sur les trottoirs du pont pour laisser défiler les voitures. Bousculade et hurlements forcenés à travers lesquels on distingue tantôt une injure, tantôt un cri de rage et d'indignation; le plus souvent, hélas! une bêtise, une plaisanterie ou une obscénité. C'est toujours cette même foule parisienne, celle des jours d'émeute, celle des jours de liesse, celle des nuits d'incendie et des matinées de guillotine, flâneurs, tire-laine, pick-pockets et souteneurs avec des accroche-cœurs collés aux tempes; c'est aussi la foule des curieux bêtasses et gobe-mouches et surtout la foule des affamés, ceux qui vont en quête d'une miche de pain blanc, d'un carré de fromage ou d'un morceau de viande fraîche. Et tout cela grouille, murmure, chante et rit. Les femmes curieuses, l'œil éclatant et fasciné par les dorures du général à gros ventre et de ses officiers, sont là se haussant sur les pointes de leurs bottines crottées; elles s'accrochent sans vergogne et sans pudeur aux épaules des hommes pour mieux voir, ou grimpent hardiment sur le parapet, à côté des titis qui engueulent les factionnaires.

Les Saxons font la haie.

Quand les curieux encombrent trop la voie, à coups de crosse, ils les font remonter sur les trottoirs.

A l'éclat du soleil, terne encore, les casques à double visière reluisent et les baïonnettes des fusils Dreyse étincellent. Les bottes dans la boue du dégel, la capote salie par le frottement des roues, les soldats regardent de leur œil bleu rêvasseur et stupide les vaincus bavards et turbulents.

Quand la foule est trop tumultueuse et que la cohue augmente, les hussards prussiens arrivent d'un côté et de l'autre les gendarmes français.

Alors gendarmes et hussards font évacuer le pont; les croupes de chevaux s'appuient brutalement sur les joues des femmes, et les sabots écrasent les pieds des moutards, pendant que les anciens sergents de ville de la centrale, argousins robustes de Bonaparte et de Piétri, encore vêtus du costume de la mobile, sabre-baïonnette au côté, chargent le peuple comme sur le boulevard Montmartre six mois auparavant.

Saxons de M. de Bismark, agents de la défense nationale font la même besogne sans remords; ils obéissent! Triomphe de la police, de la police à poigne d'acier, de la police qui nous a avilis, rossés, vaincus, anéantis, depuis le 2 décembre 1851 jusqu'au 28 janvier 1871!

Alors, le cœur plein de rage et de dégoût, le rouge au front, j'ai quitté ce lieu infâme et j'ai longé la berge. Quelques rares passants marchaient hâtivement chargés de provisions; des canots et des chalands pourris étaient échoués sur le rivage; une femme, les épaules couvertes d'un vieux tartan, pêchait à la ligne insoucieusement; la Seine roulait ses flots boueux entre la rive et l'île de la Grande-Jatte. A travers les arbres de l'île qui dressaient leurs branches dépouillées dans le ciel, on apercevait l'autre bord avec ses maisons rouges et blanches bâties en amphithéâtre. Aux fenêtres, apparaissait de temps en temps le béret à bande rouge d'un Prussien. Des cavaliers en tenue d'écurie, conduisaient leurs chevaux à l'abreuvoir. Une masse sombre s'avança lentement; en prêtant attentivement l'oreille, on distinguait le sifflement des fifres et le roulement monotone des tambours; puis, la musique se fit entendre, joyeuse et sonore. C'était un régiment saxon! Il passait au son d'une marche délicieuse d'Haydn. Adossé contre un arbre, je les regardai tristement, les yeux humides de larmes. Ils défilaient lentement, à pas rhythmiques, le fusil sous le bras, noirs et sinistres. Ils longèrent la rive et prirent la route du Mont-Valérien...

..... Demain, ils passeront sous l'Arc-de-triomphe.

Francis ENNE.

LA RÉVOLUTION

Il faut l'avouer, plus les malheurs se succèdent, plus les événements se précipitent, plus nous sommes obligés de nous convaincre de cette inexorable vérité : c'est que toutes nos prévisions, tous nos calculs, non-seulement sont surpassés, mais totalement déjoués et mis à néant par la réalité. — M. Hugo, dans sa haine contre l'Empire, avait, avec son imagination gigantesque, rêvé le supplice suivant pour Bonaparte : l'Europe entière échelonnée autour d'un cirque immense, et lui, l'Empereur, en plein soleil, seul, ivre et titubant au milieu des huées et des dérisions de tout un monde.

Malgré la grandeur de l'image et l'immensité de l'humiliation, qu'est-ce que cela à côté de Sedan? Jamais la vengeance, jamais la haine n'eussent pu trouver le châtiment de ce César couronné d'opprobres, voyant défiler devant lui toutes ses légions désarmées et marchant tête basse au son des fanfares et des musiques prussiennes.

Eh bien! le parti de l'Ordre, dans sa rage contre la Révolution, n'avait jamais pu rêver pour ses colères un instrument plus docile, un auxiliaire plus soumis, un serviteur plus souple que le gouvernement de la défense nationale.

Et cependant à ces hommes qui, l'âme sereine et, eux aussi, le cœur léger, ont livré la patrie à ce despote pieux dont la nouvelle couronne est forgée de notre or et constellée de nos larmes, que leur avions-nous fait? La France leur avait confié son honneur... La République leur avait dit : « Je dépose entre vos mains mon salut, ma vie, ma liberté et mon indépendance, » et eux avaient accepté le mandat, signé le pacte, juré leur parole, et cependant voilà qu'aujourd'hui, après cinq mois de luttes héroïques, de douleurs sans nombre, de privations de toutes sortes et de pertes irréparables, Paris, cette grande ville, ce peuple vaillant; Paris, où se meuvent tant d'esprits, d'où rayonne tant d'intelligence; ce Paris, si brave, si charmant et si exquis, le voilà vaincu, humilié, souffleté, et cela par la main vulgaire de l'Allemand, qui mangeait son pain, balayait ses rues et faisait ses commissions.

Quand, las de mensonges, fatigué d'illusion, craignant pour sa vie et son honneur qu'il sentait sombrer sous le fardeau de la servitude, un grand peuple jeta, au 4 septembre, le cri de délivrance et de liberté, je suis aujourd'hui presque tenté de croire que ces messieurs de la gauche ont pensé qu'avec tant d'enthousiasme et tant d'amour, c'étaient eux qu'on acclamait. Follement, ils ont pris pour eux les vivat et les cris d'allégresse, quand seuls à cette République tant désirée, tant espérée, ils étaient adressés! Qu'importaient les hommes à cette heure de délivrance! On croyait que tout le monde n'avait qu'un cœur, qu'une âme, qu'une pensée !

Qu'ils le sachent bien!

Quand le peuple, toujours confiant et toujours trompé, livrait ses destinées à leurs *soins empressés* et à leurs mains débiles, ce fut parce qu'ils étaient là et qu'on les trouvait tout prêts. On les a désignés comme eux-mêmes, un instant après, ont choisi leurs

— 24 —

secrétaires, et franchement je doute qu'ils les aient nommés, ces serviteurs de leur fantaisie, pour leur grand caractère, leur génie ou leur dévouement à la chose publique !

Si le gouvernement provisoire n'a rien fait et n'a rien su faire, c'est qu'il lui a manqué d'abord la Foi et ensuite le courage, et quand je dis courage, je parle de ce simple sentiment de dignité qui, quand il le faut, sait aux plus timides et aux plus faibles inspirer tous les sacrifices, même celui de la vie ! Chez les honnêtes gens, ce sens s'appelle l'honneur.

Jamais je n'ai beaucoup attendu de ces messieurs de la gauche, ni beaucoup espéré en eux, et cela peut-être pour une chose entre tant et tant d'autres que je dirai plus tard. — Ces hommes n'ont, je le crains pour eux, jamais souffert. — Nous ne rencontrons dans leurs rangs que gens pour qui la vie a été facile. Pas un d'eux dont l'existence ait été heurtée par la vraie douleur. Pour la plupart la fortune a été pleine d'attentions ; elle s'est montrée prodigue et charmante. Leurs ambitions ont été rapidement satisfaites. Ils ont rêvé le pouvoir, ils l'ont ; la fortune, parfois le pouvoir la donne ! — Jeunes ou vieux, je ne crois pas qu'un seul se soit retourné gémissant sur le lit d'épines où si brutalement l'empire couchait les républicains. Aucun d'eux, que je sache, n'a gravi en vaincu l'escalier si rude de l'étranger et mangé le pain de l'exil ; ce pain qui, comme dit Ezéchiel, a goût de poussière.

Bonnes gens, peut-être, mais pauvres gens à coup sûr ! — Depuis qu'ils ont eu la prétention de protéger la propriété et de sauver la France, qu'ont-ils fait ? — Tout ce qu'il fallait pour nous perdre, et cependant j'incline à penser qu'ils savaient comment on eût pu s'arracher à l'abîme, puisqu'ils ont fait tout ce qu'il fallait pour nous y plonger plus profondément encore qu'auparavant.

Quand on a l'honneur de s'appeler le gouvernement de la défense nationale, Messieurs, on ne se trompe pas, car alors on court grand risque de passer pour avoir trompé !

Jusqu'au 30 octobre, date à laquelle je tiens à m'arrêter pour aujourd'hui, voici le bilan de la défense : mollesse, insuffisance et mauvaise foi, et brochant sur le tout un tel amour du pouvoir, une soif tellement insatiable de gouverner qu'un esprit juste prendrait pour de la folie les efforts immenses déployés par ces profonds politiques pour grimper au mat de cocagne et décrocher la timbale et le portefeuille.

Le 27 octobre, on apprend le massacre du Bourget. Paris s'émeut, les groupes se forment, les bruits les plus contradictoires circulent, les noms de Trochu et de Bellemare sont livrés à tous les commentaires, et quand le calme se rétablit, que le jour se fait et que la vérité surgit, des mille versions qui circulent, il est prouvé d'une façon évidente que l'ignorance et le manque d'entente entre l'autorité militaire et ses généraux est la seule cause de ce désastre au milieu duquel se débat et s'agite la population parisienne anxieuse et désolée.

Le 30 au matin, c'était un dimanche, chacun put lire, affichés sur les murs, deux placards. Le premier, la reddition de Metz, le second, le retour de M. Thiers avec des propositions d'armistice. — Dans une telle bouche, armistice veut toujours dire paix et paix honteuse ! — M. Thiers dans l'affaire ! Quelle dérision ! Aussi, quand l'huissier du cabinet de Saint-James a annoncé Son Excellence l'ambassadeur de la République française, le petit homme à la culotte de nankin a dû se prendre pour un autre, et M. Gladstone et lui n'ont probablement guère pu se regarder sans sourire.

Metz venait de sombrer sous la trahison de Bazaine, et cependant l'odieux parti de l'Ordre qui, trois jours auparavant voulait pendre, comme un infâme et un imposteur, Félix Pyat qui avait déjà annoncé cette félonie, le parti de l'Ordre, cet impitoyable grotesque, cette cause éternelle des hontes de la France, se refusant encore à croire à la lâcheté de l'étrangleur du Mexique, ne trouvait même pas une seule pensée d'excuse pour cet honnête homme qui, dédaigneux du mépris public, avait si bravement et si loyalement jeté à la face de la défense l'annonce cachée trois jours de la capitulation de notre dernier boulevard et la lâcheté de son gouverneur.

La population qui se sent un cœur bondit sous l'outrage : — C'est par trop vil ou par trop imbécile ! — Paris ne capitulera pas, il ne veut pas capituler. Aussi se sent-il pris de peur en voyant l'attitude de ses gouvernants. Il n'acceptera pas la honte, il la repousse, il la brave ; ses mandataires doivent le défendre contre ses propres faiblesses ; — 400,000 baïonnettes sont là pour soutenir son honneur et le lui garder intact. — Sans arme, la garde nationale descend dans la rue et se porte à l'Hôtel de ville. Il faut des gages, l'heure est venue !

A trois heures, anxieux, haletant, la pluie sur la tête et les pieds dans la boue, Paris insiste pour pénétrer chez lui, car l'Hôtel de ville, c'est sa maison. — Un coup de feu est tiré. D'où ? par qui ? Je l'ignore et ne veux point le savoir. La panique s'empare des curieux. La folle peur les chasse dans les cafés et les rues avoisinantes ; des vitres sont brisées, quelques personnes foulées aux pieds des fuyards ; mais les portes de la mairie de Paris sont ouvertes, et peuple et gardes nationaux se précipitent en avant, inondant les escaliers et le péristyle.

Quelques instants après on voit apparaître aux fenêtres des chefs de bataillon, jetant sur la place des petits papiers annonçant que les élections de la Commune sont fixées pour le lendemain, et qu'une commission, avec Dorian pour président et Schœlcher pour vice-président, vient d'être instituée pour le salut du pays et la défense de la République. *Caveant consules !*

Sitôt parvenus à la salle du Trône, une certaine quantité de républicains somment les membres du gouvernement de se prononcer sur la situation et les obligent à donner des explications précises et surtout vraies touchant les événements terribles sous le coup desquels Paris tout entier tressaille encore. — Plus d'illusions, plus de mensonges, crie-t-on de toutes parts. C'est alors qu'en présence des tergiversations, des réponses ambiguës, de l'attitude indécise de nos gouvernants, Flourens, aidé de 500 tirailleurs de Belleville, les déclare prisonniers du pays.

Sont présents : Trochu, Jules Favre, Ferry, Simon, Garnier-Pagès et le général Tamisier. A cinq heures, Ferry, parvenant à rejoindre Ernest Picard qui s'était échappé, sur-le-champ court au faubourg Saint-Germain pour armer l'Ordre contre la Révolution, sous prétexte de délivrer ses collègues, j'ai failli dire ses complices.

A cette heure, le temps malheureusement s'écoule en discussions oiseuses, en reproches inutiles et parfois en brutalités de paroles entre les prisonniers et les partisans de la Commune.

A la tombée de la nuit, une liste instituant un gouvernement à la place de celui déchu, court aux abords de l'Hôtel de ville. C'étaient :

Schœlcher, Ledru-Rollin, Hugo, Pyat, Louis Blanc, Delescluze, Ranvier, Blanqui, Flourens, Millière, Mottu.

Ledru-Rollin, présent à cinq heures, s'éloigne avec Pyat. Dans la salle du Trône, voici la situation : le gouvernement prisonnier, cent personnes sur une table, beaucoup de récriminations, beaucoup de reproches, beaucoup de colères, mais peu d'actes, très-peu d'actes.

A sept heures, un bruit circule : Trochu s'est échappé. Au même instant, pendant que Flourens se débattait, que Jules Favre dédaigneux regardait et que, comme la vague qui monte et descend, la foule immense des gardes nationaux, se roulant de salle en salle, occupait les issues et se félicitait, joyeuse, croyant à la victoire, tout à coup dans l'embrasure de la porte apparaît, soulevant la draperie, un petit homme, la tête toute blanche, sec, maigre, à la mine humble et à la démarche indécise. Le regard est défiant, la lèvre pincée, le sourire plein de finesse ; de petites jambes, de petites mains, un petit corps, mais un grand esprit ; le tout coiffé d'un képi à quatre galons. C'est Blanqui !

Sur-le-champ il devient un centre ; l'on se groupe autour de lui, on le fait asseoir, on crie : Vive Blanqui ! on lui apporte les sceaux et il est acclamé gouverneur de l'Hôtel de ville.

Va-t-on agir ? — Non. — Le temps se passe à créer des commissions inutiles, on se noie dans des mesquineries. Les minutes fuient, les heures s'écoulent, et Ferry et Trochu agissent.

Cependant, à dix heures encore, les figures étaient radieuses ; on se serrait les mains, on espérait la délivrance, on souriait au lendemain, on avait foi dans les hommes ; on les attendait avec une confiance sans limite. A chaque bruit, on se détournait, croyant voir paraître, soulevant la portière ou Schœlcher, ou Hugo, ou les autres; il ne vint que Delescluze.

Il s'assied près de Blanqui ; on insiste pour les grandes mesures; mais, en l'absence de ses collègues *en retard*, il refuse d'agir. Alors recommencent les signatures des laissez-passer : quelques-uns acceptent un poste périlleux, beaucoup mendient une place ! — Une place ! la plaie de notre nation ! — On va, on vient, on avance, on recule, on se débat dans le vide. Un homme, le premier venu qui se présente, est délégué par ces messieurs et prend le commandement des troupes massées dans l'intérieur de l'Hôtel.

Cependant le 106⁰ bataillon de la garde nationale qui avait aidé déjà à la fuite du général Trochu, parvenant peu à peu à se réunir, commence à entourer la salle du Trône ; tous ses efforts tendent à arracher les prisonniers aux républicains. Les portes sont encombrées : on s'écrase, on se culbute, on se presse, on se bouscule, et bientôt il devient presque impossible de pénétrer dans la grande salle que cerne comme une barrière infranchissable le bataillon Ibos.

Cependant, — il pouvait être alors deux heures de la nuit, — les membres du nouveau gouvernement parviennent à s'installer dans un petit salon contigu à la grande salle, et font leur possible pour essayer quelque chose de pratique. C'est inutile : débordé par la foule, gêné par le bruit, ahuri par les clameurs, rien de bon, rien de sérieux ne surgit de ce tapis vert, et pendant que M. Jules Favre dévorait, c'est l'expression propre, le dîner qu'on venait de lui faire servir, il pouvait se convaincre, ainsi que ses collègues, que bientôt leur tour allait revenir et que cette *poignée de factieux* allait bientôt, vaincue et humiliée, rentrer dans le néant d'où elle était sortie.

Que faisaient pendant ce temps les chefs de bataillon partisans de la Commune et qui avaient provoqué le mouvement? Incertains, indécis, ils restent là, curieux de ce qui va se passer, et à part deux ou trois d'entre eux, n'apportent aucun concours ni par eux-mêmes ni par leurs gardes à ce coup d'Etat qu'ils avaient ébauché et que presque personne bientôt ne prendra plus au sérieux. Au lieu de masser leurs compagnies aux abords de l'Hôtel de ville, d'en défendre l'entrée, d'en boucher les issues à l'intérieur et sur la place, tous les bataillons se débandent, sans ordre, sans chef et sans commandement.

Flourens, colonel, pérorait; Millière, chef de bataillon, grossoyait et bavardait ; Ranvier, autre commandant, écoutait ; seuls, Blanqui et Delescluze essayaient d'ébaucher quelque chose pour sauver la situation. Tous deux rédigèrent une proclamation. Delescluze lut la sienne ; et, comme ensuite quelqu'un disait à Blanqui : « Et vous, citoyen, la vôtre? — Inutile, mon ami, répondit-il ; on ne voudrait même pas l'écouter. »

Tout à coup, en bas, sur la place, un bruit sourd se fait entendre. Ce sont, sur le pavé, les crosses de fusil des mobiles bretons, envoyés par Trochu, et qu'on range en bataille le long des grilles. Le siège va commencer. A cet instant, Millière se lève, court vers Delescluze ; et, plus qu'ému, le supplie de l'accompagner chez Dorian. « Allons, allons, vite, disait-il, et épargnons un malheur. »

Pauvre gouvernement ! après quatre heures d'existence, il avait déjà besoin d'un sauveur!

Alors un peu affolés, on se hâte, on se presse, on court ; et, à travers les méandres de mille petits corridors obscurs, on arrive dans le cabinet de S. Exc. M. le Ministre des travaux publics. Six ou sept personnes entrèrent. Ici, une chose me frappa vivement. Dorian était à son bureau ; il nous reçut. Delescluze parla. Le ministre, avec un sourire de circonstance, ne comprit pas; il croyait probablement que ces messieurs venaient lui offrir une part de leur pauvre pouvoir ; et, comme il déclinait cet honneur, Millière l'interrompant exprima ses inquiétudes et ses craintes en parlant des masses armées rangées sous les murs par la réaction. En face de cette attitude peu énergique, Dorian sourit, et dit : « J'y vais, messieurs, j'y vais ; attendez-moi. » Quelques-uns de nous le suivirent. Arrivés au bas du grand escalier, nous vîmes embusqués derrière les colonnes, les tirailleurs, l'arme chargée et prêts à défendre leur poste. Les portes étaient fermées ; les verrous étaient tirés, et deux grandes calèches renversées s'opposaient, véritable barricade, à l'accès de l'hôtel. Le capitaine qui commandait l'escouade refusa d'ouvrir, alléguant que les gardes nationaux du faubourg Saint-Germain, alignés le long des grilles, avaient déjà commencé l'attaque. Enfin, après avoir longtemps et infructueusement cherché une issue libre, une porte est décadenassée, et Dorian, Delescluze, le commandant Eudes et un autre apparaissent dans la rue. Le temps était pluvieux, la nuit sombre, le pavé gras et glissant ; de gros nuages chargés de brume couraient, rapides, dans une atmosphère lourde et chargée d'humidité. Il faisait triste et froid. Au fond, une ligne épaisse, serrée, correcte, se profilait dans l'ombre ; c'étaient des gardes nationaux, électeurs de Jules Ferry, qui, le fusil chargé et l'attitude menaçante, demandaient impérativement et la délivrance des prisonniers et l'évacuation de l'Hôtel de ville.

M. Ferry, accompagné de son frère, — un ancien commis d'assurance, je crois, et aujourd'hui secrétaire général à l'intérieur, — cherchait le long du quai un passage par où il pût faire pénétrer sa troupe.

A la vue de Dorian, il accourut et se précipita dans ses bras comme on embrasse un ami au retour d'un long voyage et après un grand péril évité ; mais, apercevant Delescluze et les autres parlementaires, il reprit toute sa morgue et se mit en position, essayant contre nous de l'audace et de l'intimidation ; mais ce fut en vain.

Après quelques mots échangés, M. le député du 6e arrondissement comprit qu'il était en présence d'un homme dont l'orgueil et la dignité sont à la hauteur des principes, et sentit qu'il ne fallait à cette heure ni tergiverser ni ne pas prendre à la lettre les paroles échangées de part et d'autre.

Voici ce qu'il fut établi :

Les troupes occupant l'Hôtel de ville se retireraient en bon ordre au cri de vive la République. Les élections pour la Commune seraient fixées au lendemain 31 octobre, et aucun armistice, aucune paix, quoi qu'il advînt, ne seraient consentis sans l'autorisation formelle du peuple de Paris. Bien entendu on fermera les yeux sur les événements de la nuit, et l'Ordre sera assez bienveillant pour ne pas mettre la République en prison. Ce pacte fut juré par Delescluze au nom de ses collègues, et par Dorian et Ferry au nom du gouvernement provisoire. Ce fut un serment grave, prêté à une heure solennelle. Derrière la grille, la guerre civile, avançant sa tête blême et sinistre, l'écouta, et ce ne fut qu'après l'avoir entendu, que, toute frissonnante, elle rentra sous ses pavés. Oui, ce fut un serment sacré, après lequel, celui qui y manquerait, serait traître et lâche. Tous jurèrent sur l'honneur.

On rentra. Dans la salle du Trône, une foule compacte, bruyante, anxieuse, salue le retour des délégués. On monte sur la table ; un silence profond succède aux mille bruits qui tout à l'heure retentissaient encore, et en termes fort remarquables, avec une dignité extrême et une attitude pleine de noblesse et de courage, Delescluze rend compte de sa mission. Seulement, à peine a-t-il dit que son opinion à lui était de délivrer les prisonniers, qu'un murmure plein de défiance accueille ses paroles. On ne croit pas à M. Ferry ; à peine à M. Dorian accorde-t-on quelque créance, quoiqu'il fût jusque-là du nombre de ceux sur qui seuls on comptait. Quand l'orateur eut fini d'établir que, vu l'éminence du danger et sa parole donnée, il fallait délivrer le gouvernement provisoire, un cri de colère et d'indignation soulève la salle entière. Les portes sont fermées, des épaules s'arc-boutent le long des chambranles, les verrous sont tirés, chaises et fauteuils sont amoncelés devant, et un même mot retentit partout, sortant de toutes les bouches : « Jamais, jamais, jamais ! » Les tirailleurs qui fermaient le cercle s'étant éloignés après une allocution très-embarrassée et très-peu digne de ce pauvre général Tamisier, les prisonniers essayèrent peu à peu de s'ouvrir un passage au milieu du tumulte, de la cohue et des cris. On voyait se glisser doucement, tout doucement, Garnier-Pagès qui, avec un sourire bénin et le regard très-anxieux, ressemblait, dans son col gigantesque et ridicule, à un bouquet fané dans un cornet de papier. Ah! il n'était pas à la noce, cette nuit-là, M. Garnier-Pagès! Et, cependant, il fut autrefois ce qu'on appelait un beau valseur.

Tous leurs efforts furent vains, leurs tentatives inutiles et quoiqu'ils se fussent un instant crus libres sur la foi des traités, force leur fut de se rasseoir et d'attendre les événements! — Toute l'indignation de ce malheureux peuple trompé et encore une fois vaincu se retourna contre eux. Alors ce fut le tour des paroles amères, des récriminations blessantes, des attaques douloureuses; on leur reprocha leur mollesse, leur mensonge, presque leur... trahison. — Le passé politique de chacun d'eux fut mis à nu, on voyait clair aujourd'hui. La révolte, étouffant la voix des Millière, des Flourens et autres orateurs sans idées et sans autorité, jetait à la face de ses anciens représentants leur inertie, leur manque de courage, leurs prudences, leurs demi-mesures, leurs moyens termes et surtout leur reprochait d'avoir si mal servi sous l'empire les intérêts de leur malheureuse cliente, la République, dont ils avaient eu l'insigne honneur d'être choisis pour avocats!

Personne n'avait plus confiance en eux, ni en leurs paroles ni en leurs serments. Tous refusaient de les laisser passer. On exigeait des otages pour le serment juré et les otages qu'on voulait, c'étaient eux! — Inutile d'essayer de franchir cette ligne de colère qui les entoure; vains efforts pour s'arracher à ces doutes, à ces amertumes et à ces outrages! — Les orateurs avaient beau dire, ils ont promis, ils ont juré. Le peuple répondait : Je ne crois plus!

M. Ferry, d'un coin obscur de la salle, regardait et entendait tout cela : Ah! qu'en cet instant il a dû s'amonceler de rage, de colère et de sentiments de vengeance dans ce petit esprit et dans cette âme étroite! — Il nous l'a bien montré depuis, le joli garçon!

Ici se passa alors une grande chose et qui restera toujours dans mon esprit comme un grand souvenir. Il était quatre heures de la nuit! Les républicains savaient tous à n'en pas douter, — on le leur avait déjà tant répété, — que l'Hôtel de ville était plein de baïonnettes bretonnes; mais, malgré l'investissement qui s'accomplissait autour d'eux et qu'ils n'ignoraient point; malgré les chassepots qu'on entendait armer dans les salles voisines; malgré le souvenir maudit des mobiles jadis massacrant Paris; malgré le danger qui devient de minute en minute plus imminent; malgré la mort qui les menace et dont, dans le silence de cette vaste salle, on eût pu sentir le souffle glacé, les républicains résistèrent et ils résistèrent dignement, énergiquement; car par tous les moyens possibles ils luttèrent contre la défaite.

D'une façon formelle, absolue, et contre des forces mille fois supérieures, ils s'opposent à ce que ceux qui les ont trompés, qui ont trahi la Révolution, soient arrachés de leurs mains et conduits loin de leur justice pour mentir encore, comme ils ont menti toujours!

Blanqui est là, il dit des choses fort sensées, il ne se paie pas d'illusions, lui! il parle doucement, tranquillement, mais avec beaucoup d'esprit et beaucoup de justesse. Cet homme, si calomnié, si méprisé, a un sens politique fort remarquable. Tout ce qu'il dit est d'une précision étonnante. — Il n'a pas confiance dans les miséricordes de M. Trochu; il craint les mobiles; il aimerait mieux un petit écrit, fût-il même en breton, que tous les serments dont on parle; — que sera le lendemain! il craint de le prévoir! On a promis, on a juré, c'est vrai, mais... *omnis homo mendax*.

Ah! messieurs de la gauche, si vous aviez aimé ou seulement compris la République, comme les malheureuses gens que vous alliez embastiller à l'aube, les Prussiens, vos soldats aujourd'hui contre la Révolution, ne feraient pas la police dans votre bonne ville de Paris.

Vers cinq heures, une grande rumeur se fait entendre, une masse énorme se rue dans les couloirs adjacents ; c'est la mobile qui, s'étant glissée par le souterrain creusé de la caserne Napoléon à l'Hôtel de ville, monte les escaliers, pénètre dans les corridors et inonde les salles. C'en est fait, la réaction triomphe et, vaincue par cette surprise, écrasée par le nombre, cernée par ce flot de soldats qui, de minute en minute, s'en va toujours croissant, la Révolution se voit obligée de courber la tête et de se replier; — un cercle de baïonnettes est là qui l'entoure, la presse et l'étouffe !

Les portes sont enfoncées, et mille bras protecteurs se tendent vers ceux qu'on appelle déjà les victimes d'un tas de misérables. Ce sont des cris, des injures, des huées, des indignations, un effarement général ! Quelques républicains tiennent encore ferme, refusant, fiers et dignes, de reculer devant l'ennemi; mais tout à l'heure la panique soufflant la déroute, ce ne sera bientôt plus qu'un assemblage horrible de fuyards éperdus et de vainqueurs insolents.

Tout était fini !

Au jour, des serments de la nuit, il n'était plus question et, en face de cette armée prétorienne dont pour eux chaque fusil était une espérance et une promesse, au lieu de se réunir pour tenir sa parole et essayer, par des mesures plus dignes, plus énergiques et plus courageuses, de donner satisfaction au pays, le gouvernement de la défense s'assembla pour dresser la liste de proscriptions !

On chercha dans son esprit, on fouilla dans ses souvenirs, on se rappela les noms, on se représenta les attitudes, on inventa des moyens, on imagina des mesures et, à force d'aviver ses ressentiments avec ses outrages, on lança argousins, mouchards et commissaires de l'empire sur ces hommes qui avaient eu l'abominable audace de s'insurger contre la platitude, l'inertie et l'imbécillité de ces messieurs, qui, soixante jours auparavant, avaient enchaîné Paris et confisqué la Révolution.

La Conciergerie est comble; la Santé n'a plus de cellules; Sainte-Pélagie déborde; Mazas regorge. Jamais geôliers et guichetiers, au beau temps de M. Bonaparte, n'avaient vu tant de Républicains dans les geôles !

> Jadis il en était
> Des serments qu'on faisait dans la vieille Allemagne
> Comme de nos habits de guerre et de campagne :
> Ils étaient en acier. . . . .
> . . . .
> . . . .
> Le brave mort dormait dans sa tombe humble et pure,
> Couché dans son serment comme dans son armure,
> Et le temps qui des morts ronge le vêtement,
> Parfois brisait l'armure et jamais le serment.

En quoi sont les vôtres, monsieur Ferry, et les vôtres, monsieur Dorian? Pacotille! article-Paris!

« De l'audace, toujours de l'audace, » cria jadis Danton pour sauver son pays. Et vous, à quatre-vingts ans de distance, fils mesquins et rabougris de ces colosses: « De la prudence, toujours de la prudence, » murmuriez-vous, pleins de terreur à la pensée de vous voir ravir ce lambeau de pouvoir sans lequel vous rentreriez dans l'obscurité d'où l'engouement et la crédulité d'une ville vous avaient un jour tirés pour le malheur de ma patrie.

Pendant cette nuit dont je viens de parler, au milieu de tant d'indécision, de maladresse et de pauvre vouloir, il y avait là des âmes généreuses, des esprits élevés, de vrais hommes enfin, qui, condamnés à l'obscurité par leurs susceptibilités et leurs pudeurs, gémissaient, désespérés, en face de tant d'incapacités et d'insuffisance.

Un instant ils voulurent parler, agir, s'opposer à ce flot qui allait rejeter la Révolution morte dans les bras menaçants de l'Ordre ; mais, timides dans leurs forces, humbles dans leur énergie, ils pensèrent que le silence et l'abstention allaient mieux à leur caractère. Cependant s'étant comptés, et, serrés les uns contre les autres, ils se sentaient assez de force et de courage pour vaincre ! Mais, comme ils étaient obscurs et inconnus, ils hésitèrent à écarter la foule des prétendants et à s'asseoir à leur place. Erreur! grande faute! car Paris sera toujours à celui dont le bras solide et la voix haute saura lui parler en maître. Ils s'éloignèrent, mais ce fut avec des larmes, car ils voyaient s'effondrer la République, unique et dernière espérance de leur jeunesse !

Impuissance d'un côté, insuffisance de l'autre, mais avant tout, je crois, chez les uns et les autres le manque de cette volonté ferme qui s'impose et de ce courage implacable qui méprise tous les dangers, affronte toutes les haines et se sent au-dessus de tous les jugements! Il fallait un homme qui sût se compromettre! Mais accepter d'être compromis est parmi nos hommes politiques — ou aspirant à l'être — la chose la plus rare qui se puisse rencontrer! — On ne sut pas prendre une grande mesure, on compta sur des absents, on s'appuya sur le voisin et comme ces pauvres républicains tant méprisés, tant calomniés, sont très-bons, très-bienveillants, je dirai même très-faibles, on se servit, dès cette nuit même, de toutes leurs qualités pour les exécuter à nouveau et les perdre encore une fois de plus dans l'opinion publique.

Le lendemain, la Commune était confisquée, la Révolution bâillonnée et 300,000 suffrages venaient donner contre l'*émeute* raison à ce gouvernement, de la niaiserie nationale qui, trois mois après, devait livrer à la Prusse Paris, sa fierté, ses richesses et son indépendance !

Ah ! si un homme avait surgi, si on avait eu un peu plus d'amour pour la France et moins de respect pour la propriété, si on avait compris que, pour tout sauver, il fallait savoir tout compromettre, si une voix puissante, forte, un esprit animé du grand souffle de la liberté et de la justice, avait su convaincre le peuple que son plus mortel ennemi est ce stupide parti de l'Ordre qui, pour ne pas donner son argent, aime mieux le jeter dans un puits sans fond, si une grande passion jointe à une sévérité inexorable avait pu surgir, Paris ne serait pas aujourd'hui pieds et poings liés livré à l'Allemand, qui, en attendant de faire son entrée triomphale dans cette ville, objet de toutes ses convoitises, monte la garde sur nos remparts et signe nos laissez-passer !

Ce que je viens de raconter se passait dans la nuit du 31 octobre.

Le 28 janvier, c'était à Versailles, le soir, au quartier général de l'empereur d'Allemagne. Dans cette salle immense d'où jadis Louis XIV dictait ses lois à l'Europe, était réuni tout l'état-major prussien, — armée de ducs et de princes ; — au coin de la cheminée M. de Bismark fumait; les visages étaient rayonnants, les conversations joyeuses et rapides; tout à coup, casque en tête, cuirassé et botté, le prince de Mecklembourg entra ! Il venait d'une reconnaissance lointaine et ignorait tout. S'approchant du grand chancelier : « Eh bien ! comte, quelle nouvelle de Paris ? » Alors M. de Bismark, secouant dédaigneusement la cendre de son cigare, dit d'un ton calme et avec un geste sec : « La bête est morte ! »

POUPART-DAVYL.

Paris, 15 février 1871.

Typ. Rougé frères et Cie, rue du Four-Saint-Germain, 43.

www.ingramcontent.com/pod-product-compliance
Lightning Source LLC
Chambersburg PA
CBHW061012050426
42453CB00009B/1387